Para novos gerentes

Para novos gerentes

O que significa estar no comando, os mitos e equívocos mais comuns e como alcançar os melhores resultados em equipe para sua empresa

Título original: *HBR's 10 Must Reads: For New Managers*

Copyright © 2017 por Harvard Business School Publishing Corporation.
Copyright da tradução © 2019 por GMT Editores Ltda.
Publicado mediante acordo com Harvard Business Review Press

Todos os direitos reservados. Nenhuma parte deste livro pode ser utilizada ou reproduzida sob quaisquer meios existentes sem autorização por escrito dos editores.

tradução
Paulo Geiger

preparo de originais
Sheila Louzada

revisão
Hermínia Totti e Luis Américo Costa

adaptação de projeto gráfico e diagramação
DTPhoenix Editorial

capa
DuatDesign

impressão e acabamento
Pancrom Indústria Gráfica Ltda.

CIP-BRASIL. CATALOGAÇÃO NA PUBLICAÇÃO
SINDICATO NACIONAL DOS EDITORES DE LIVROS, RJ

P237	Para novos gerentes/ Linda A. Hill... [et al.]; [Harvard Business Review]; tradução de Paulo Geiger. Rio de Janeiro: Sextante, 2019. 192 p.; 16 x 23 cm. (Coleção Harvard: 10 leituras essenciais)
	Tradução de: HBR's 10 must reads: For New Managers ISBN 978-85-431-0726-4
	1. Gerentes. 2. Liderança. I. Hill, Linda A. II. Geiger, Paulo. III. Série.
19-54948	CDD: 658.4092 CDU: 005.322:316.46

Todos os direitos reservados, no Brasil, por
GMT Editores Ltda.
Rua Voluntários da Pátria, 45 – Gr. 1.404 – Botafogo
22270-000 – Rio de Janeiro – RJ
Tel.: (21) 2538-4100 – Fax: (21) 2286-9244
E-mail: atendimento@sextante.com.br
www.sextante.com.br

Sumário

1. Tornando-se o chefe — 7
   Linda A. Hill

2. Liderando uma equipe herdada — 26
   Michael D. Watkins

3. Salvando os gestores inexperientes deles mesmos — 41
   Carol A. Walker

4. Gerenciando ambientes de trabalho de alta intensidade — 57
   Erin Reid e Lakshmi Ramarajan

5. Dominando a ciência da persuasão — 69
   Robert B. Cialdini

6. O que define um líder? — 88
   Daniel Goleman

7. O paradoxo da autenticidade — 108
   Herminia Ibarra

8. Gerencie seu chefe — 121
   John J. Gabarro e John P. Kotter

9. Como líderes criam e usam redes de relacionamentos   138
   Herminia Ibarra e Mark Lee Hunter

10. Gestão de tempo: quem vai descascar o abacaxi?   155
    William Oncken Jr. e Donald L. Wass

   ARTIGO BÔNUS: Como gerentes se tornam líderes   168
   Michael D. Watkins

Autores   183

1

Tornando-se o chefe

Linda A. Hill

MESMO PARA OS PROFISSIONAIS MAIS TALENTOSOS, o processo de se tornar líder é, ainda que gratificante, uma árdua jornada de aprendizado e autodesenvolvimento contínuos. O teste inicial nesse percurso é tão crucial que não raro o negligenciamos: o de se tornar chefe pela primeira vez. O que é uma pena, pois as experiências envolvidas nesse rito de passagem têm sérias consequências tanto para o indivíduo quanto para a empresa.

Todo executivo é moldado em seu primeiro cargo de gestão. Décadas depois, ele lembrará aqueles primeiros meses como um período de experiências transformadoras que forjaram sua filosofia e seus estilos de liderança de tal maneira que podem continuar a assombrá-lo e atrapalhá-lo em sua carreira. A empresa arca com custos humanos e financeiros consideráveis quando uma pessoa que foi promovida por seu alto desempenho e suas excelentes qualificações não se adapta com sucesso às responsabilidades gerenciais.

Esses fracassos não são de surpreender, considerando a dificuldade da transição. Pergunte a qualquer novo gerente sobre seus primeiros dias como chefe – ou melhor, peça a qualquer executivo sênior que relembre como se sentiu como um gestor novato. Se obtiver uma resposta honesta, você ouvirá uma história de desorientação e, para alguns, de total desnorteamento. O novo cargo não era nada parecido com o que ele imaginava. A sensação era de que seria impossível dar conta de tudo. E, qualquer que fosse seu escopo, certamente não parecia ter nada a ver com liderança.

Nas palavras de um novo gerente da sucursal de uma corretora de valores: "Você sabe como é ser chefe quando você não tem o menor controle sobre o processo? É difícil expressar. É como ter um filho: num dia, você não tem filho nenhum; no dia seguinte, de repente você é mãe ou pai e todos esperam que saiba tudo sobre como cuidar de uma criança."

Considerando a importância e a dificuldade desse primeiro teste de liderança, surpreende que se dê tão pouca atenção às dificuldades experimentadas pelos novos gestores. As prateleiras das livrarias estão cheias de títulos que descrevem líderes eficazes e bem-sucedidos, mas pouquíssimos tratam dos desafios de aprender a liderar, especialmente durante a primeira experiência nesse tipo de cargo.

Nos últimos 15 anos, estudei pessoas em processo de transição para gestor, com foco principal naquelas que eram promovidas por alto desempenho. Minha ambição original era criar um fórum no qual novos gestores contassem nas próprias palavras o que significava aprender a gerenciar. Inicialmente, acompanhei 19 novos gestores no decurso de seu primeiro ano no cargo, com o objetivo de obter um raro vislumbre de sua experiência subjetiva. Qual era a parte mais difícil? O que eles precisavam aprender e como faziam isso? Quais recursos utilizavam para facilitar a transição e para dominar suas novas atribuições?

Desde minha pesquisa original, que descrevi na primeira edição de *Becoming a Manager* (Tornando-se um gestor), publicada em 1992, continuei a analisar a transformação pessoal que ocorre quando alguém se torna chefe. Escrevi estudos de caso de novos gestores numa variedade de funções e atividades, além de conceber e conduzir programas de liderança para eles em empresas privadas e organizações sem fins lucrativos. À medida que elas ficavam mais enxutas e mais dinâmicas – com diferentes unidades trabalhando em conjunto para oferecer produtos e serviços integrados, e as empresas atuando com fornecedores, clientes e concorrentes numa gama

> ## Em resumo
>
> Se perguntamos a novos gestores como foram seus primeiros dias como chefe, ouvimos histórias de desorientação, até de desespero. Hill aponta que a maioria dos gestores novatos não se dá conta da diferença aguda entre gestão e trabalho individual. Entravados por concepções equivocadas, eles falham nos testes desse rito de passagem. E, quando tropeçam, prejudicam a própria carreira e acarretam custos tremendos para a empresa.
>
> Como evitar esse cenário? Esteja atento a equívocos comuns em relação ao gerenciamento. Por exemplo, subordinados não obedecerão necessariamente a suas ordens, apesar de sua autoridade formal sobre eles. Você não terá mais liberdade para fazer as coisas acontecerem; pelo contrário, vai se sentir cerceado pelas interdependências dentro da empresa. E será responsável não apenas pela manutenção de suas próprias operações, mas também por iniciar mudanças positivas, tanto dentro quanto fora das áreas sob sua responsabilidade.
>
> Munido de expectativas *realistas*, você terá mais chances de sobreviver à transição para a gerência – e de produzir resultados valiosos para sua organização.

de alianças estratégicas –, os novos gerentes descreviam a transição como cada vez mais difícil. Devo salientar que essas dificuldades encontradas pelos novos gestores representam a regra, não a exceção. Não se trata de profissionais incapacitados nem de empresas disfuncionais, mas de pessoas comuns enfrentando problemas de adaptação comuns. A grande maioria deles sobrevive à transição e aprende a atuar em sua nova função, mas imagine como seriam mais eficazes se tivesse sido um processo menos traumático.

Para auxiliar novos gerentes a passar nesse primeiro teste de liderança, precisamos ajudá-los a compreender a natureza essencial de seu papel – o que realmente significa estar no comando. A maioria se vê como gestor e líder, usa a retórica da liderança e sente nitidamente o ônus desse papel – mas simplesmente não capta a essência da coisa.

Na prática

Para ter sucesso como gestor novato, Hill sugere *substituir mitos por realidades*.

Mito	Realidade	Para gerenciar com eficácia...	Exemplo
Gestores dispõem de autoridade e liberdade significativas para fazer com que as coisas aconteçam.	Você está enredado numa teia de relacionamentos com pessoas que lhe fazem exigências implacáveis e conflitantes.	Construa relacionamentos com as pessoas das quais sua equipe depende para fazer seu trabalho.	O gestor de uma empresa de comunicação americana encarregado de um novo empreendimento na Ásia começou a ter reuniões regulares com executivos das duas companhias para tratarem de estratégia regional.
Seu poder deriva de sua posição formal na companhia.	Seu poder vem de sua capacidade de conquistar credibilidade junto aos seus subordinados, seus pares e seus superiores.	Demonstre ter caráter (intenção de fazer a coisa certa), competência gerencial (ouvir mais do que falar) e influência (fazer com que os outros façam a coisa certa).	O gestor de um banco de investimentos conquistou o respeito dos funcionários ao deixar de exibir sua competência técnica para solicitar conhecimento e ideias deles.
Gestores têm que controlar seus subordinados diretos.	Controle não é comprometimento. E funcionários nem sempre acatam ordens.	Construa comprometimento capacitando os funcionários a alcançar os objetivos da equipe, e não lhes dando ordens.	Em vez de exigir que fizessem as coisas a seu modo, uma diretora de comunicação insistiu com a equipe para que tivesse objetivos claros e responsabilidade por alcançá-los.

Mito	Realidade	Para gerenciar com eficácia...	Exemplo
Gerentes lideram sua equipe construindo relacionamentos com cada membro individualmente.	Ações direcionadas a um funcionário específico costumam afetar negativamente o ânimo ou o desempenho dos outros membros da equipe.	Preste atenção no desempenho geral de sua equipe. Estimule fóruns de discussão para diagnósticos e resolução de problemas. Trate seus subordinados de maneira equânime.	Após conceder a um vendedor veterano uma vaga especial no estacionamento (atitude que acirrou os ânimos dos outros vendedores), um novo gerente de vendas começou a liderar sua equipe como um todo em vez de tentar se entender com cada membro individualmente.

Não atue sozinho
- Seu chefe provavelmente é mais tolerante com suas perguntas e seus erros do que você imagina.
- Ajude seu chefe a desenvolver você. Em vez de lhe pedir que resolva seus problemas, apresente ideias de como você agiria naquela situação e solicite sua opinião.
- Descubra fontes politicamente seguras de treinamento e mentoria com colegas de outras áreas ou outras organizações.

Por que é tão difícil aprender a gerenciar

Uma das primeiras coisas que novos gerentes descobrem é que seu papel, por definição uma atribuição que demanda aperfeiçoamento constante, exige ainda mais do que eles previram. Ficam surpresos ao constatarem que as aptidões e os métodos necessários para serem bem-sucedidos como colaboradores ou como gestores são totalmente diferentes – e que existe uma lacuna entre suas capacidades atuais e aquelas requeridas por sua nova função.

Em seus cargos anteriores, o êxito dependia primordialmente de aptidões e ações pessoais. Como gestores, porém, são responsáveis por definir e implementar o planejamento para todo um grupo, coisa para a qual sua trajetória de atuação individual não os preparou.

Consideremos o caso de Michael Jones, o novo gerente da sucursal de uma corretora de valores (a identidade das pessoas citadas neste artigo foi preservada). Michael foi, por 13 anos, um corretor brilhante e produtivo, um dos mais agressivos e inovadores profissionais em sua região. Na empresa em que trabalhava, os gerentes das sucursais geralmente eram promovidos com base na competência e nas realizações individuais, de modo que ninguém ficou surpreso quando o diretor regional o convidou a assumir a função. Michael tinha certeza de que compreendia o que se espera de um gerente eficaz. De fato, em diversas ocasiões tinha comentado que, se tivesse esse cargo, teria disposição e capacidade de fazer os ajustes necessários e melhorar a vida de todos. No entanto, após um mês no novo papel, ele vinha tendo momentos de pânico absoluto; implementar suas ideias era mais difícil do que tinha imaginado. Ele se deu conta de que deixara para trás sua zona de conforto e que não havia como recuar.

A reação de Michael, apesar de ter sido um choque para ele, não é incomum. Liderança é algo que se aprende na prática, não há como ser ensinada em sala de aula. É uma arte que se adquire primordialmente mediante experiências no decorrer da função – em especial, pelas situações de adversidade, que, estando além das capacidades atuais do novo gerente, o fazem avançar pelo método de tentativa e erro. A maioria dos profissionais de alto desempenho não cometeu muitos erros, de modo que isso é uma novidade para eles. Além disso, poucos gerentes têm a percepção de que estão aprendendo durante esses momentos estressantes em que se cometem erros. O aprendizado ocorre de modo incremental e gradual.

À medida que esse processo avança – e o novo gerente reformula a postura e os hábitos que lhe serviram até então, durante um início de carreira de muito sucesso –, surge uma nova identidade profissional. Ele internaliza outras maneiras de pensar e de ser, além de descobrir novas formas de medir o sucesso e de extrair satisfação do trabalho. Naturalmente, esse tipo de ajuste psicológico tem seu preço. Como observa um novo gerente: "Eu não sabia que ser promovido podia ser tão penoso."

Penoso... e estressante. Gestores novatos, inevitavelmente, fazem a si mesmos duas perguntas: "Eu vou gostar de ser gestor?" e "Eu serei um bom gestor?". É claro que não há respostas imediatas; elas só virão com a experiência. E essas duas perguntas costumam estar acompanhadas de uma ainda mais inquietante: "Que tipo de pessoa estou me tornando?"

Os equívocos dos novos gerentes

Tornar-se chefe é difícil, mas não quero pintar um quadro absurdamente sombrio. O que descobri em minha pesquisa é que, se a transição é mais difícil do que precisa ser, isso se deve aos conceitos errôneos que os novos gerentes têm sobre a função. Suas ideias têm certo fundamento, porém, como são simplistas e incompletas, essas noções criam expectativas falsas, que os indivíduos lutam para conciliar com a realidade da vida gerencial. Ao tomar consciência dos equívocos que abordarei a seguir – alguns dos quais, de aceitação quase universal, chegam ao nível de mitos –, a probabilidade de sucesso é muito maior (para uma comparação entre as concepções errôneas e a realidade, veja o quadro Por que novos gerentes não captam a essência da coisa, na página seguinte).

Gerentes exercem autoridade significativa

Quando solicitados a descrever sua função, novos gerentes geralmente se concentram nos direitos e privilégios da chefia. Supõem que o cargo lhes dará mais autoridade e, com isso, mais liberdade e autonomia para fazer o que consideram melhor para a empresa. Nas palavras de um deles, deixarão de viver "sobrecarregados com as exigências insensatas de outras pessoas".

Novos gestores que nutrem essa suposição enfrentam um despertar brusco. Em vez de ganhar autoridade, aqueles que acompanhei em meu estudo relataram terem se visto restringidos pelas interdependências. Em vez de se sentirem livres, sentiam-se cerceados, principalmente aqueles acostumados à relativa autonomia de que em geral dispõem os astros do desempenho. Estão enredados numa teia de relacionamentos – não apenas com subordinados, mas também com funcionários de mesmo nível hierárquico, chefes e outros, dentro e fora da empresa, todos lhes fazendo demandas implacáveis e muitas vezes conflitantes. O resultado é uma rotina de trabalho estressante, agitada e fragmentada.

"A verdade é que não estamos no controle de nada", conclui um gerente novo no cargo. "O único momento em que estou no controle é quando

Por que novos gerentes não captam a essência da coisa

Muitos gestores novatos fracassam em sua nova função, pelo menos num primeiro momento, porque a assumem com concepções erradas ou mitos sobre o que significa ser chefe. Simplistas e incompletos, esses mitos levam novos gerentes a negligenciar responsabilidades de liderança cruciais.

	Mito	Realidade
Característica que define a nova função	**Autoridade** "Agora estarei livre para implementar minhas ideias."	**Interdependência** "É humilhante saber que uma pessoa que trabalha para mim pode fazer com que eu seja demitido."
Fonte de poder	**Autoridade formal** "Finalmente vou chegar ao topo da escada."	**"Tudo menos isso"** "As pessoas estavam desconfiadas e foi preciso conquistar a confiança delas."
Resultado desejado	**Controle** "Preciso contar com a obediência de meus subordinados."	**Comprometimento** "Obediência não é comprometimento."
Foco gerencial	**Gerenciar indivíduos** "Meu papel é construir relacionamentos com subordinados individualmente."	**Liderar a equipe** "Preciso criar uma cultura que permita ao grupo realizar todo o seu potencial."
Principal desafio	**Manter a operação funcionando bem** "Minha função é garantir que a operação transcorra sem percalços."	**Promover mudanças que farão a equipe ter um desempenho melhor** "Sou responsável por introduzir mudanças que incrementem o desempenho do grupo."

fecho a porta da minha sala, mas então sinto que não estou fazendo meu trabalho, que é estar com as pessoas." Outro gerente novato observa: "É um choque de humildade saber que uma pessoa que trabalha para mim pode fazer com que eu seja demitido."

As pessoas com maior probabilidade de infernizar a vida do novo gestor são aquelas que não estão sob sua autoridade formal: fornecedores, por exemplo, ou gerentes de outra divisão. Sally McDonald, uma estrela em ascensão numa empresa de produtos químicos, assumiu um cargo em desenvolvimento de produto com grandes esperanças, credenciais impecáveis de desempenho individual, profundo apreço pela cultura da empresa – ela dispunha até do conhecimento supostamente adquirido num curso de desenvolvimento de lideranças. Três semanas depois, Sally observou: "Tornar-se gerente não é se tornar chefe. É se tornar um refém. Esta empresa está cheia de terroristas querendo me sequestrar."

Enquanto não abandonarem o mito da autoridade e o substituírem pela realidade da negociação de interdependências, gestores novatos não conseguirão liderar com eficácia. Como vimos, isso está além de gerenciar os subordinados diretos e requer administrar o contexto no qual a equipe trabalha. A menos que o gestor identifique e construa relacionamentos eficazes com as pessoas-chave, sua equipe não terá os recursos necessários para realizar seu trabalho.

Mesmo quando reconhecem a importância desses relacionamentos, novos gestores frequentemente os ignoram ou negligenciam, concentrando-se no que lhes parece ser a tarefa mais imediata, a de liderar quem está mais próximo: seus subordinados. E, quando finalmente aceitam seu papel como construtores de redes, sentem-se sobrecarregados pelas demandas. Além disso, torna-se cansativo negociar com essas outras partes a partir de sua posição de relativa fraqueza – pois essa é a provação recorrente de novos gestores no nível mais baixo da hierarquia.

Mas são grandes os dividendos de gerenciar interdependências. Quando trabalhava em desenvolvimento de negócios numa grande empresa americana de comunicação, Winona Finch elaborou um plano de negócios para o lançamento da edição latino-americana da revista para adolescentes que publicavam nos Estados Unidos. O projeto recebeu aprovação preliminar e Winona pediu para gerenciá-lo. Foram inúmeros obstáculos a partir daí. A alta direção não priorizava os projetos internacionais, de modo que, para obter um financiamento definitivo, Winona teria que fazer acordos com distribuidoras regionais que representassem 20% do mercado latino-americano – tarefa nada fácil para uma publicação ainda não testada e que competia por um espaço diminuto nas bancas. Para controlar os custos, o empreendimento precisaria se apoiar na equipe de vendas da edição em língua espanhola da revista feminina que era o carro-chefe da empresa, isto é, um grupo acostumado a vender um produto muito diferente.

Dois anos antes, Winona tinha atuado por um certo período como gerente em exercício, e assim, apesar do atoleiro de detalhes que precisava transpor para implementar o novo empreendimento, ela compreendia a importância de dedicar tempo e atenção aos relacionamentos com seus superiores e os outros gestores. Por exemplo, a cada duas semanas ela compilava observações dos chefes de seu departamento, as quais fazia circular entre executivos do escritório central. E, para incrementar a comunicação com a revista feminina, começou a se reunir regularmente com a direção latino-americana, para que executivos de alto escalão em nível mundial, tanto da revista jovem quanto da feminina, discutissem a estratégia regional.

Mesmo já tendo tido uma experiência em gestão, ela enfrentava as crises típicas de um novo gestor: "É como estar em período de provas finais durante os 365 dias do ano." Apesar disso, a nova edição foi lançada dentro do prazo estabelecido e superou a previsão do plano de negócios.

A autoridade vem naturalmente do cargo de chefe

Não me compreendam mal: apesar das interdependências que os restringem, novos gestores dispõem, sim, de algum poder. O problema é que a maioria deles acredita, equivocadamente, que seu poder se baseia na autoridade formal que vem com sua posição – relativamente – elevada na hierarquia. Essa suposição leva muitos a adotarem uma abordagem autocrática e voltada à prática do trabalho, não porque estejam ansiosos por exercer seu novo poder sobre as pessoas, mas por acreditarem que é a maneira mais eficaz de alcançar resultados.

No entanto, os novatos logo aprendem que, quando dizem aos subordinados diretos que façam determinada tarefa, eles não necessariamente correspondem ao pedido. Na verdade, quanto mais talentoso o subordinado, menos provável é que ele simplesmente cumpra ordens (alguns novos gestores, quando pressionados, admitem que tampouco eles davam ouvidos a seus chefes o tempo todo).

Após algumas experiências dolorosas, os gestores chegam à desconcertante constatação de que a fonte de seu poder é, segundo um deles, "tudo menos" a autoridade formal. Isto é, a autoridade só se manifesta quando o gerente ganha credibilidade junto aos outros funcionários de toda a escada hierárquica. "Levei três meses para me dar conta de que não produzia qualquer efeito em muitos membros da minha equipe", relembra um gestor que acompanhei. "Era como se eu estivesse falando sozinho."

Muitos novos gestores se surpreendem com a dificuldade de ganhar a confiança e o respeito das pessoas. Ficam chocados, até se sentem ofendidos, ao constatar que sua expertise e sua trajetória profissional não falam por si mesmas. Minha pesquisa mostra que muitos tampouco sabem quais são as qualidades que conquistam credibilidade.

Eles precisam demonstrar *caráter* – a intenção de fazer a coisa certa. Isso é especialmente importante ao tratar com subordinados, que tendem a analisar toda declaração e todo gesto em busca de sinais das motivações do novo gestor. Tamanho escrutínio pode ser enervante. "Eu sabia que era uma boa pessoa e de certa forma esperava que me aceitassem imediatamente", relata um novo gestor. "Mas as pessoas estavam desconfiadas e foi preciso conquistar a confiança delas."

Eles precisam demonstrar também *competência* – saber fazer a coisa certa. Isso pode ser problemático, pois novos gestores sentem inicialmente a necessidade de provar seu conhecimento e sua perícia técnica, que foram os fundamentos de seu sucesso individual. Mas provar competência técnica, ainda que seja importante para conquistar o respeito dos subordinados, não é, afinal, a área primordial de competência que os subordinados diretos procuram.

Quando assumiu a gestão de uma carteira de títulos num banco de investimentos global, Peter Isenberg passou a supervisionar um grupo de experientes operadores seniores. Para conquistar credibilidade, ele adotou uma abordagem ativa, aconselhando os operadores a fecharem determinadas posições ou tentarem novas estratégias de negociação. Os operadores reagiram, exigindo justificativas para cada diretiva. A situação ficou desconfortável. Os operadores respondiam aos comentários de seu novo gestor de maneira ácida e lacônica. Um dia, Isenberg, que reconhecia ter conhecimento limitado sobre mercados estrangeiros, fez a um dos operadores uma pergunta simples sobre precificação. O operador interrompeu por vários minutos o que estava fazendo para explicar a questão e propôs continuarem a conversa no fim do dia. "Quando parei de falar o tempo todo e comecei a ouvir, as pessoas do setor passaram a me instruir sobre o trabalho e pareceram questionar significativamente menos minhas solicitações", conta Isenberg.

Sua ânsia por demonstrar competência técnica minou sua credibilidade como gestor e como líder. A vontade de começar logo a resolver problemas suscitou questionamentos implícitos de sua competência gerencial. Aos olhos dos operadores, o novo gestor estava se atendo demais a minúcias e se tornando um obcecado por controle que não merecia o respeito deles.

Por fim, novos gestores precisam demonstrar *influência* – saber comunicar e realizar a coisa certa. Não existe "nada pior do que trabalhar para um chefe sem autoridade", afirma um subordinado direto de um novo gestor que acompanhei em meu estudo. Adquirir e exercer influência dentro da organização é especialmente difícil, porque, como observei, novos gerentes são os "chefes pequenos" da organização. "Fiquei em êxtase quando soube que afinal seria promovido", conta um deles. "Sentia que finalmente chegaria ao alto da escada que vinha galgando fazia anos. Mas de repente eu me senti lá embaixo de novo – só que dessa vez os degraus já não estavam claros e eu não sabia para onde estava subindo."

Mais uma vez, vemos um gerente caindo na armadilha de se apoiar com peso demais em sua autoridade formal como fonte de influência. Ele precisaria construí-la criando uma rede de relacionamentos fortes e interdependentes, com base em credibilidade e confiança, dentro de sua equipe e dentro de toda a empresa – um fio de cada vez.

Gestores precisam controlar seus subordinados diretos

Em parte por conta da insegurança dos novos gerentes num cargo com o qual não estão familiarizados, a maioria deles espera contar com a obediência de seus subordinados. Temem que, se não estabelecerem isso logo, seus subordinados diretos acabarão passando por cima deles. Para obter esse controle, eles geralmente se apoiam demais em sua autoridade formal – técnica cuja eficácia é, no melhor dos casos, questionável.

E mesmo que sejam capazes de conseguir alguma medida de controle, seja mediante autoridade formal ou uma autoridade adquirida com o tempo, eles terão obtido uma falsa vitória. Obediência não é comprometimento. Se não estiverem comprometidas, as pessoas não tomarão iniciativas.

E, se seus subordinados não tomarem iniciativas, o gestor não poderá delegar com eficácia. Os subordinados diretos não assumirão os riscos calculados que levam à mudança e ao aperfeiçoamento contínuos exigidos nos turbulentos ambientes de negócios atuais.

Winona Finch, que coordenou o lançamento da revista jovem na América Latina, sabia que aquele desafio exigiria o apoio total de sua equipe. Na verdade, ela foi encarregada do projeto em parte por causa de seu estilo pessoal, que, assim esperavam seus superiores, seria capaz de compensar sua falta de experiência no mercado latino-americano e no gerenciamento de responsabilidades quanto a lucros e perdas: além de ser conhecida pela lucidez de seu pensamento, ela era calorosa e amigável nos relacionamentos interpessoais. Durante o projeto, Winona fez bom uso dessas aptidões naturais para desenvolver sua filosofia e seu estilo de liderança.

Em vez de se apoiar na autoridade formal para obter da equipe o que queria, ela exerceu influência criando uma cultura investigativa. O resultado foi uma organização na qual as pessoas se sentiam empoderadas, comprometidas e responsáveis por realizar a visão da empresa. "Winona era descontraída e divertida", descreve um membro de sua equipe. "Mas ela fazia perguntas e mais perguntas, até chegar ao cerne da questão. Você dizia a ela uma coisa, ela respondia com outra, e assim ficava perfeitamente claro para todos do que estávamos falando. Uma vez ela tendo sido informada, e sabendo o que você estava fazendo, você teria que ser consistente. Ela falava: 'Você me disse X. Por que está fazendo Y? Não estou entendendo.'" Embora fosse exigente, Winona não esperava que fizessem as coisas à maneira dela. Seus subordinados estavam comprometidos com os objetivos da equipe porque haviam sido empoderados para alcançá-los em vez de ordenados a isso.

Quanto mais poder os gestores estiverem dispostos a compartilhar com seus subordinados, mais influência tenderão a exercer. Quando o líder permite que sua equipe tome iniciativas, ele constrói a própria credibilidade como gestor.

Gestores devem se dedicar a construir bons relacionamentos em termos individuais

Para gerenciar interdependências e exercer uma autoridade informal decorrente de credibilidade pessoal, é preciso que novos gestores construam relações de confiança, influência e expectativas recíprocas com toda uma rede de pessoas. Isso costuma se obter estabelecendo relacionamentos pessoais produtivos. No entanto, o novo gestor precisa, em última instância, conceber como se utilizar do poder de uma equipe. Focar simplesmente relacionamentos individuais com os membros da equipe pode comprometer esse processo.

Durante seu primeiro ano no cargo de gestão, muitos profissionais não conseguem reconhecer, muito menos cumprir, suas responsabilidades na construção de uma equipe. Em vez disso, acreditam que seu papel no gerenciamento de pessoas é construir os relacionamentos mais eficazes possíveis com cada subordinado – o erro está em equiparar gerenciamento de equipe a gerenciamento dos indivíduos que a compõem.

Novos gestores consideram em primeiro lugar o desempenho individual e prestam pouca ou nenhuma atenção à cultura e ao desempenho coletivo da equipe. Raramente recorrem a fóruns para identificar e resolver problemas. Alguns passam tempo demais com um pequeno número de subordinados de confiança, em geral os que parecem apoiá-los mais. Também tendem a cuidar de questões em termos individuais, mesmo as que afetam a equipe inteira. Agindo dessa maneira, eles tomam decisões com base em informações desnecessariamente limitadas.

Na primeira semana de Roger Collins como gerente de vendas de uma empresa de softwares do Texas, um subordinado pediu a ele uma vaga que acabara de ficar disponível no estacionamento. O vendedor tinha anos de empresa e Collins, visando a um bom começo com o veterano, respondeu: "Claro, por que não?" Menos de uma hora depois, outro vendedor, um mestre em fechar negócios, invadiu a sala de Collins ameaçando se demitir. Parece que a vaga era cobiçada por razões práticas e simbólicas, e o beneficiário do gesto casual de Collins era visto como incompetente. Para o astro das vendas, a decisão do gestor era inconcebível.

Collins resolveu posteriormente esse que considerou um problema trivial de gestão – "Não é o tipo de coisa com que eu deveria me preocupar" –, mas começou a perceber que cada decisão referente a indivíduos afetava a equipe. Até então, ele se baseava na suposição de que, se estabelecesse um bom relacionamento com cada pessoa subordinada a ele, toda a equipe funcionaria sem percalços. O que aprendeu foi que supervisionar cada indivíduo não era a mesma coisa que liderar uma equipe. Em minha pesquisa, ouvi repetidas vezes novos gestores descreverem situações nas quais tinham aberto uma exceção para um subordinado – em geral, com a finalidade de criar um relacionamento positivo com aquela pessoa –, mas que acabaram por lamentar depois, por conta das inesperadas consequências negativas para a equipe. Compreender isso pode ser especialmente difícil para profissionais em ascensão que realizaram muitas coisas sozinhos.

Quando focam apenas as relações individuais, novos gestores negligenciam um aspecto fundamental de uma liderança eficaz: aproveitar o potencial coletivo do grupo para melhorar o desempenho e o comprometimento individuais. Ao moldar uma cultura de equipe – as normas e os valores do grupo –, um líder pode fazer deslanchar a aptidão para resolução de problemas dos diversos talentos que compõem o grupo.

Gestores devem assegurar que tudo funcione sem percalços

Assim como muitos mitos sobre gestão, esse tem uma parcela de verdade, mas é enganoso, porque só conta parte da história. Assegurar que uma operação funcione sem percalços é uma tarefa incrivelmente difícil que requer que o gestor mantenha várias bolas no ar o tempo todo. Aliás, a complexidade inerente à manutenção do status quo é capaz de absorver toda a energia e todo o tempo de um gestor novato.

Porém, novos gerentes precisam se dar conta de que também são responsáveis por apontar e iniciar mudanças que incrementem o desempenho de sua equipe, o que muitas vezes (e para a maior parte deles) envolve desafiar processos ou estruturas organizacionais que existem acima ou além de sua área de autoridade formal. Somente quando compreenderem essa parte do trabalho eles começarão a atuar seriamente em suas responsabilidades de liderança. (Veja o quadro Mais uma coisa: crie as condições para seu sucesso, na página seguinte.)

De fato, a maioria dos novos gestores se considera mero objeto das iniciativas organizacionais de mudança, isto é, responsável por implementar em sua equipe o que lhe for imposto de cima. Eles não se consideram agentes da mudança. Um pensamento excessivamente hierárquico e a fixação na autoridade inerente à figura do chefe são o que os leva a definir suas responsabilidades desse modo tão restrito. Como consequência disso, tendem

Mais uma coisa: crie as condições para seu sucesso

Novos gerentes costumam aprender tardiamente que se espera deles mais do que apenas assegurar que seu setor funcione sem percalços no momento atual. Eles também têm que identificar e promover mudanças que ajudarão sua equipe a atuar ainda melhor no futuro.

Um novo diretor de marketing numa empresa de telecomunicações, que vou chamar de John Delhorne, descobriu que seu predecessor tinha deixado de fazer investimentos cruciais, por isso tentou em numerosas ocasiões convencer seu superior imediato a aumentar o orçamento de marketing. Também apresentou uma proposta para adquirir um novo sistema de informação que poderia permitir à equipe otimizar suas iniciativas. Mesmo quando não conseguiu persuadir seu chefe a liberar mais dinheiro, ele se manteve firme e se concentrou em promover mudanças internas que tornassem a equipe o mais produtiva possível naquelas circunstâncias. Esse parecia ser o caminho prudente a seguir, ainda mais porque o relacionamento de Delhorne com seu chefe, que demorava cada vez mais a responder a seus e-mails, estava ficando tenso.

Quando o setor deixou de atingir certos objetivos, o CEO demitiu Delhorne sem a menor cerimônia, porque, segundo lhe disse, ele não tinha sido proativo. O CEO o repreendeu por "ficar parado e não pedir sua ajuda" a fim de obter os fundos necessários para ter sucesso num mercado novo que era crucial. Delhorne ficou chocado e magoado, julgando-se terrivelmente injustiçado. Argumentou não ter culpa pelas falhas no planejamento estratégico e nos processos de orçamento da empresa. A resposta do CEO: era responsabilidade de Delhorne criar as condições para seu sucesso.

---

a enxergar os reveses de sua equipe como culpa dos sistemas falhos e dos superiores diretamente responsáveis por esses sistemas – e a esperar que outras pessoas resolvam os problemas.

Isso reflete um engano fundamental quanto a seu papel na organização. Novos gestores precisam gerar mudanças, tanto dentro quanto *fora* de sua área de responsabilidade, para que suas equipes obtenham sucesso. Precisam trabalhar para mudar o contexto no qual operam essas equipes, não importando se lhes falta autoridade formal.

Essa visão mais ampla beneficia a empresa e o novo gestor. Organizações precisam se revitalizar e se transformar continuamente, e só conseguirão vencer esses desafios se tiverem quadros de líderes eficazes, capazes de gerenciar a complexidade do status quo ao mesmo tempo que promovem mudanças.

Novos gestores não estão sozinhos

Enquanto passam pelo assustador processo de se tornarem chefes, novos gestores podem obter grande vantagem se aprenderem a reconhecer os equívocos aqui ressaltados. No entanto, dada a natureza múltipla de suas novas responsabilidades, eles ainda vão cometer erros ao tentar montar o quebra-cabeça gerencial – e, por mais importante que seja no processo de aprendizado, cometer erros não tem nada de divertido. Vai ser doloroso ter sua identidade profissional ampliada e reconfigurada. Eles se sentirão isolados enquanto lutam para aprender o novo papel.

Em minha pesquisa, constatei que, infelizmente, são poucos os novos gestores que pedem ajuda. Em parte, isso é fruto de mais uma suposição errônea: a de que um chefe deve ter todas as respostas. Assim, buscar ajuda seria um sinal evidente de que a escolha do novo gerente foi um erro. Mas todo gestor experiente sabe, é claro, que ninguém tem todas as respostas. Os insights vêm com o tempo, com a experiência. E, como demonstram incontáveis estudos, aprender na prática é mais fácil quando se tem o suporte e a assistência de colegas e superiores.

Outra razão para novos gestores não procurarem ajuda é o fato de eles perceberem os perigos (às vezes mais imaginários do que reais) de construir relações próximas da mentoria. Quando você divide suas ansiedades, seus erros e insucessos com outros gestores do seu setor, há o risco de que no futuro eles usem essas informações contra você. O mesmo vale para os problemas que você divide com seu superior. O conflito inerente entre os papéis de mentor e avaliador é um dilema muito antigo. Portanto, novos gestores precisam ser criativos ao buscar suporte. Por exemplo, podem procurar profissionais de outra região ou outra função, ou mesmo de outra empresa. O problema com chefes, ainda que difícil de resolver totalmente, pode ser assim amenizado. E aqui há uma lição não só para novos gestores como também para chefes experientes.

O novo gestor evita se dirigir a seu superior imediato para se aconselhar porque o vê como uma ameaça a seu desenvolvimento, e não um aliado.

Como tem medo de ser punido por erros e fracassos, resiste a procurar a ajuda justamente de quem poderia evitar esses erros, mesmo quando está em grave necessidade. Como relata um novo gestor:

"Num certo nível, eu sei que deveria recorrer mais ao meu chefe, pois é para isso que ele está lá. Ele tem experiência, e acho que eu deveria ir até ele e explicar o que está havendo. Provavelmente ele teria um bom conselho a me dar. Mas é arriscado. Ele é imprevisível. Se eu fizer perguntas demais, ele pode perder a confiança em mim e pensar que não estou me saindo muito bem. Pode achar que não estou dando conta de tudo, e se isso acontecer vai ser péssimo, porque ele vai cair em cima de mim, me bombardeando com um monte de perguntas sobre o que estou fazendo e, antes que eu perceba, já vai estar envolvido, no meio de tudo. É uma situação bem desconfortável. Ele é a última pessoa a quem eu pediria ajuda."

Esses temores muitas vezes são justificados. Não é raro um novo gestor se arrepender de ter tentado estabelecer um relacionamento de mentoria com seu chefe. "Não ouso sequer fazer uma pergunta que poderia ser vista como ingênua ou estúpida", conta uma nova gestora. "Uma vez eu lhe fiz uma pergunta e ele fez com que eu me sentisse no jardim de infância. Foi como se ele tivesse dito: 'Essa é a maior burrice que eu já ouvi. Onde você estava com a cabeça?'"

Casos como esse são oportunidades tragicamente perdidas pela nova gestora, pelo chefe e pela organização como um todo. O chefe dela está perdendo a chance de influenciar suas concepções, os equívocos iniciais no novo cargo e o modo como ela deveria encarar tal posição. E a nova gestora perde a oportunidade de obter recursos – desde os financeiros até informações sobre as prioridades da gerência sênior – que seu superior poderia prover.

Um bom relacionamento entre o novo gestor e seu chefe pode fazer toda a diferença do mundo – embora não necessariamente da maneira que o novo gestor espera. Minha pesquisa sugere que cerca de metade dos novos gestores acaba recorrendo ao chefe em algum momento, com frequência por causa de uma crise iminente, e muitos ficam aliviados ao constatar que suas perguntas e seus erros são vistos com mais tolerância do que esperavam. "Ele reconheceu que eu ainda estava em fase de aprendizado e mostrou-se mais do que disposto a me ajudar da melhor maneira que pudesse", relembra um novo gestor.

Às vezes é decepcionante quando os mais competentes mentores parecem inacessíveis. Um gestor relata a impressão que teve de sua chefe: "Ela é exigente, mas tem a reputação de fazer as pessoas crescerem e de ajudá-las, e não de jogá-las na fogueira. Nos primeiros 60 dias, eu não tinha tanta certeza disso. Era tudo muito difícil e eu estava superfrustrado, mas ela não se ofereceu para me ajudar. Isso estava me deixando louco. Quando eu fazia uma pergunta, ela me fazia outra. Eu não tinha respostas. Até que entendi o que ela queria. Eu tinha que chegar com algumas ideias de como lidar com a situação, para podermos discuti-las juntos. Ela então me dava todo o tempo de que eu precisava."

Esse relato ressalta vividamente por que é importante que os chefes de novos gestores compreendam como é difícil assumir uma gerência pela primeira vez, ou que pelo menos se lembrem disso. Ajudar um novo gestor a ter sucesso em sua nova posição é crucial para o sucesso da empresa inteira.

Publicado originalmente em janeiro de 2007.

2

Liderando uma equipe herdada

Michael D. Watkins

DAVID BENET TINHA PROBLEMAS A RESOLVER quando passou a liderar a unidade de maior crescimento numa grande empresa de instrumentos médicos. Embora as vendas tivessem aumentado desde o lançamento de dois novos produtos no ano anterior, os números ainda estavam aquém das expectativas, considerando todas as evidências de uma demanda ainda não totalmente atendida. O futuro da empresa dependia do sucesso dos dois produtos: um instrumento para inserção de *stents* em artérias obstruídas e um implante eletrônico para estabilização dos batimentos cardíacos.

Assim, havia muita coisa em jogo, e a equipe não estava em sua melhor forma. Histórias de oportunidades perdidas e indícios de uma cultura tóxica tinham chegado aos ouvidos da diretoria.

Todos esses fatores levaram à decisão de substituir o vice-presidente executivo da unidade por alguém de fora, e David preenchia os requisitos. Ele tinha um histórico de realizações brilhantes numa empresa concorrente, onde havia mudado os rumos de uma unidade de negócio e acelerado o crescimento de outra. Mas, ao assumir o novo cargo, David estava enfrentando um desafio comum: não escolhera as pessoas com quem iria trabalhar. Herdou a equipe de seu antecessor – a própria equipe responsável pela situação que David agora deveria corrigir.

A maioria dos novos líderes tem, no início, pouca familiaridade com sua equipe e não pode introduzir imediatamente novas pessoas para ajudarem a acelerar o negócio ou a transformar a maneira de conduzi-lo. Às vezes lhes falta poder político ou faltam recursos para isso, ou a cultura organizacional não o permite. Frequentemente, funcionários herdados são essenciais a curto prazo, para manter as coisas funcionando, mas não são as pessoas certas para o futuro.

Tudo isso realça a importância de saber como trabalhar de maneira eficaz com uma equipe herdada. O processo, carregado de *trade-offs* ou concessões, é como consertar um avião em pleno voo: não se pode simplesmente desligar os motores para remontá-los, pelo menos não sem causar um acidente. É preciso manter a estabilidade enquanto se prossegue.

Há muitos modelos que ajudam a construir novas equipes. Um dos mais conhecidos é "formação, confrontação, normatização, atuação", criado por Bruce Tuckman em 1965. Segundo o modelo de Tuckman e outros mais recentes porém semelhantes, equipes de trabalho atravessam fases previsíveis de desenvolvimento, as quais, com a intervenção correta, podem ser aceleradas. O problema desses modelos é que eles pressupõem que os líderes construam sua equipe a partir do zero, escolhendo cada um cuidadosamente e estabelecendo diretrizes desde o início.

Em meu trabalho de ajudar líderes a conduzir grandes transições, descobri que a maioria das pessoas, tal como David, precisa mesmo é de um modelo para assumir uma equipe e transformá-la. É isso que este artigo oferece. Primeiro, o líder precisa avaliar o capital humano e a dinâmica do grupo herdado, para ter um quadro claro da situação vigente. Em seguida, deve reconfigurar a equipe de acordo com o necessário – contemplando com um olhar renovado sua composição, a noção que aqueles profissionais têm de seu propósito e sua direção, o modelo operacional e os padrões de comportamento. Só então ele poderá, finalmente, acelerar o desenvolvimento da equipe e melhorar seu desempenho, identificando oportunidades para as primeiras vitórias e planejando como assegurá-las.

> ## Em resumo
>
> **O que está errado**
> A maioria dos modelos de formação de equipe pressupõe que você poderá escolher com todo o cuidado cada profissional e lhe indicar a direção e o tom desde o primeiro dia de trabalho, mas poucos líderes dispõem desse luxo. Eles têm que trabalhar com as pessoas que herdam.
>
> **O que é necessário**
> Ao assumir e transformar uma equipe, o novo líder precisa de orientação sobre como fazer essa transição e melhorar o desempenho do setor.
>
> **O que é eficaz**
> Segue um modelo em três passos que funciona. Primeiro, avalie as pessoas que você tem e as dinâmicas em ação. Segundo, remodele a composição, o senso de propósito e de direção, o modelo operacional e os comportamentos da equipe de acordo com os desafios a superar. Terceiro, acelere o desenvolvimento da equipe ao conquistar as primeiras vitórias.

Avaliação da equipe

Ao assumir uma equipe, o líder precisa determinar rapidamente se tem as pessoas certas cumprindo as funções certas da maneira certa, isto é, capaz de fazer a organização avançar. Desde o primeiro dia você terá um monte de demandas ocupando seu tempo e sua atenção, e elas só vão crescer; por isso é essencial uma avaliação eficiente da equipe.

Também é importante ser sistemático. Enquanto a maioria dos líderes herda e avalia muitas equipes ao longo da carreira, são poucos os que têm uma noção clara do que procuram nas pessoas com quem trabalham. Por experiência, eles chegam a critérios e métodos intuitivos – o que funciona bem apenas em situações familiares. Por quê? Porque as características que fazem membros de uma equipe serem eficazes variam drasticamente de acordo com as circunstâncias.

Sua avaliação será mais rápida e mais precisa se você definir previamente critérios claros. Quais qualidades as pessoas devem ter para enfrentar os desafios específicos que se apresentam? Qual a importância de haver aptidões diversas ou complementares dentro da equipe? Quais atributos você acha que pode desenvolver com sua liderança? Por exemplo, talvez você seja capaz de melhorar o engajamento e o foco, mas não o comprometimento inerente. (Veja o quadro Quais qualidades você está procurando?, na página seguinte.)

Suas necessidades dependerão, em parte, das condições atuais da empresa. Num momento de reviravolta, você vai buscar pessoas que já estejam prontas para agir – não terá tempo para a construção de capacidades enquanto não alcançar certa estabilidade. Já se sua missão é manter o bom desempenho da equipe, no entanto, provavelmente fará sentido desenvolver os profissionais de alto potencial (os "high-potential") e terá mais tempo para fazer isso.

Suas expectativas também deverão variar de acordo com a importância do papel de cada membro da equipe para alcançar seus objetivos: pessoas em cargos estratégicos serão avaliadas com maior urgência e com mais rigor. David Benet (todos os nomes citados são fictícios) tinha dois gerentes de vendas, ambos considerados fundamentais porque suas equipes tinham que chamar a atenção dos cardiologistas para os novos produtos. Ambos precisavam ser imediatamente eficazes em comunicar as vantagens dos produtos aos formadores de opinião. O chefe de RH também tinha um papel vital: graves deficiências nos talentos de nível intermediário em vendas e marketing tinham que ser logo sanadas. O chefe da comunicação, no entanto, não era uma grande prioridade; avaliações de sua atuação e relatos de suas conversas com colegas indicavam que ele poderia ser mais inovador, mas David decidiu deixá-lo no cargo por enquanto.

Outro fator a considerar é em que medida seus subordinados precisam trabalhar como equipe, e em que tarefas. Pergunte a si mesmo: "As pessoas que eu supervisiono terão que colaborar muito umas com as outras ou poderão atuar de maneira independente a maior parte do tempo?" A resposta a essa pergunta ajudará a determinar quão importante é para você cultivar o trabalho em equipe. Consideremos, por exemplo, os profissionais que um diretor financeiro costuma coordenar: gerentes fiscais, gerente financeiro e

Quais qualidades você está procurando?

Como a maioria dos líderes, você pode ter uma noção intuitiva do que geralmente procura nas pessoas, mas situações e desafios diferentes pedem capacidades diferentes. Este exercício o ajudará a compreender e articular melhor suas prioridades sempre que herdar uma equipe.

Atribua percentuais às qualidades abaixo, de acordo com a importância necessária para cada uma nas circunstâncias e objetivos atuais. Esses números devem somar 100.

Serão números aproximados, é claro. Para alguns membros da equipe (digamos, seu diretor financeiro), competência técnica deve ser a prioridade máxima; para outros (digamos, seu diretor de marketing), energia e habilidades interpessoais devem ser igualmente críticas, se não mais. A importância do cargo e a condição atual da empresa também podem influenciar suas estimativas.

Quando completam este exercício, os executivos quase sempre dão o maior peso ao comprometimento do funcionário. Isso porque o consideram um traço inerente – e não algo que possa ser fortalecido com uma boa gestão. Quando se trata de foco e dinamismo, porém, é o contrário, por isso não é de surpreender que deem a essas qualidades menos ênfase.

O que diz sua classificação quanto ao que você mais valoriza agora e ao que acredita poder influenciar com sua liderança? Algum dos critérios é condição absolutamente imprescindível?

---

gerente de fusões e aquisições. O ideal, nesse caso, é que esses indivíduos atuem como gestores de alto desempenho responsáveis por departamentos independentes e eficazes. Tentar fazer desse grupo uma equipe por meio de atividades clássicas, como criar uma visão compartilhada e estabelecer metas de desempenho e métricas comuns, só vai frustrar todos, pois o trabalho colaborativo a ser feito é pouco ou mesmo nulo. Em tais situações, a supervisão deve se concentrar mais no desempenho individual e menos na capacidade de atuação em conjunto.

David, no entanto, tinha uma equipe de líderes funcionais bastante interdependentes. Ele precisava, por exemplo, que os VPs de vendas, marketing e comunicação trabalhassem estreitamente juntos, aprimorando e executando estratégias de conquista de mercado para os dois produtos. Assim, ele tinha que graduar suas habilidades de relacionamento e colaboração.

Qualidade	Descrição	Importância
Competência	Tem expertise técnica e experiência na execução do trabalho	
Comprometimento	Pode-se confiar em que será correto com você e cumprirá seus compromissos	
Dinamismo	Emprega a postura correta no trabalho (não está esgotado nem desinteressado)	
Habilidades interpessoais	Relaciona-se bem com as outras pessoas da equipe e busca a colaboração	
Foco	Estabelece e cumpre prioridades em vez de se desviar em todas as direções	
Discernimento	Age com bom senso, especialmente sob pressão ou quando precisa fazer sacrifícios pelo bem maior	
Total		100%

Para uma avaliação eficiente, faça um mix de encontros individuais e em equipe e complemente com inputs de stakeholders-chave, como clientes, fornecedores e funcionários de outras equipes. (Veja o quadro Avaliações individuais, na página seguinte.) Considere também o histórico e as avaliações de desempenho individuais. David não encontrou nenhuma resposta muito evidente nesses recursos formais, mas ele sabia que a equipe tivera um baixo desempenho. Os encontros o ajudaram a determinar por que isso havia acontecido e o que fazer a respeito.

Logo ficou claro que ele tinha dois pontos problemáticos significativos. O primeiro era Carlos, o VP de vendas do setor cirúrgico. Carlos era quem estava havia mais tempo na empresa e aparentemente tinha uma ligação estreita com o CEO, mas seu desempenho com o novo produto cirúrgico fora decepcionante. Mais importante, comentários de outros VPs e de

Avaliações individuais

Encontros individuais quanto antes são uma ferramenta valiosa para avaliar sua nova equipe. Dependendo do seu estilo, esses encontros podem ser conversas informais, avaliações formais ou uma combinação de ambas, desde que sigam um padrão.

Prepare-se
Faça um levantamento de histórico pessoal, dados de desempenho e avaliações disponíveis. Familiarize-se com as aptidões de cada pessoa de modo a poder estimar como ela atuará na equipe e com sua própria unidade ou seu grupo. Observe como interagem os membros da equipe. As relações parecem cordiais e produtivas? Ou tensas e competitivas? Explique a todos que você vai se valer desses encontros para avaliar a equipe e também seus membros individualmente.

Crie um modelo de entrevista
Faça a todas as pessoas as mesmas perguntas e observe como variam seus insights. Alguns exemplos: Quais são as forças e as fraquezas da nossa estratégia atual? Quais são nossos maiores desafios e oportunidades a curto prazo? E a médio prazo? Quais recursos precisamos utilizar de maneira mais eficaz? Como podemos melhorar o modo de a equipe trabalhar junta? Se você estivesse em minha posição, quais seriam suas prioridades?

Procure indícios verbais e não verbais
Note o que as pessoas dizem e o que *não* dizem. Elas dão informação voluntariamente ou você tem que extrair delas? Assumem responsabilidade pelos problemas ou se esquivam, ou, ainda, acusam outras? Atente também para discrepâncias entre as palavras e a linguagem corporal. Esse tipo de descompasso pode sinalizar desonestidade ou falta de confiança na gestão – e, seja o que for, precisa ser avaliado. Preste atenção também em assuntos que provoquem emoções fortes. Esses pontos sensíveis fornecem pistas sobre o que motiva essas pessoas e que tipo de mudanças pode lhes injetar dinamismo.

Sintetize e compartilhe suas constatações
Depois de ter entrevistado todos, discuta com a equipe o que você observou. Isso vai demonstrar que você está se inteirando rapidamente. Além disso, se seu feedback evidenciar diferenças de opinião ou levantar questões incômodas, você terá a oportunidade de observá-los sob um nível moderado de estresse, o que pode levar a um valioso insight da cultura de equipe e da dinâmica de poder existente.

subordinados diretos seus indicavam uma liderança de estilo microgerencial que minava os ânimos e revelava falta de colaboração com o restante da equipe. Por exemplo, ele não compartilhava informações que poderiam ser valiosas para a equipe de vendas do setor de medicina intervencionista e para o marketing, o que estava envenenando a dinâmica da equipe.

Henry, o VP de recursos humanos, apresentava um desafio diferente. Em circunstâncias normais, ele seria um sólido líder de RH, porque era habilidoso em lidar com desafios típicos de contratação, gestão de desempenho e remuneração e benefícios, mas não atendia às demandas de uma empresa em rápido crescimento. David examinou o trabalho que Henry fizera na avaliação de talentos e no planejamento de sucessão e o classificou com, no máximo, um B.

Depois de completar sua avaliação, David decidiu manter a maioria dos membros de sua equipe, cujo tempo de empresa variava de cinco a mais de 25 anos. Mas ele sabia que precisaria trabalhar as posturas das pessoas – especialmente a falta de confiança entre as diversas funções.

Remodelagem da equipe

Após a avaliação, a tarefa seguinte era remodelar a equipe dentro dos critérios da cultura organizacional, da influência do líder e do talento disponível. Em essência, novos líderes querem que seu pessoal demonstre comportamentos de alto desempenho, como compartilhar informações livremente, identificar e lidar rápido com conflitos, resolver problemas de modo criativo, exercer apoio mútuo e apresentar uma posição unificada ao mundo exterior uma vez tomadas as decisões. Líderes podem promover esses comportamentos focando quatro fatores: a composição da equipe, seu alinhamento com uma visão compartilhada, seu modelo de operação e sua integração de novas regras e expectativas.

Composição

O modo mais óbvio de remodelar uma equipe é substituir membros de baixo desempenho e todo aquele cujas capacidades não sejam adequadas à situação, mas isso pode ser cultural e politicamente difícil, e em muitos casos não é possível – novos líderes devem trabalhar com os profissionais que herdam. E, mesmo quando se pode mandar funcionários embora e incorporar novos, o processo leva tempo e consome energia. Assim, só se deve fazer isso nos primeiros meses em situações extremas, caso haja funções estratégicas ocupadas por pessoas claramente incapazes de realizar o trabalho ou com personalidades realmente nocivas à empresa.

Felizmente, você pode remodelar a composição da equipe de outras maneiras. Por exemplo, pode esperar o processo normal de rotatividade e ir criando espaço para os perfis que deseja. Isso geralmente leva tempo, mas você pode acelerar o processo sinalizando suas expectativas de um desempenho melhor – com isso estimulando quem tenha um desempenho marginal a buscar outras funções. Pode também procurar vagas em outras áreas da empresa que talvez sejam adequadas a pessoas que têm méritos mas que não se encaixam bem em sua equipe.

Outra opção é preparar talentos de alto potencial para assumir novas responsabilidades, contanto que você disponha de tempo e de outros recursos. Se não tiver, pode realocar indivíduos a outras funções que façam melhor uso de suas capacidades. Esse poderoso porém subestimado modo de remodelar equipes pode envolver um reajuste do escopo das funções existentes, simples trocas de funções ou a criação de novos cargos mediante uma formatação diferente do trabalho. Qualquer uma dessas táticas pode revitalizar pessoas estagnadas em suas funções, mas poucos líderes pensam em tentar caminhos alternativos de distribuição do trabalho.

David usou uma mistura dessas abordagens para mudar a composição de sua equipe. Ele chegou à conclusão de que Carlos, o VP de vendas do setor cirúrgico, estava prejudicando a eficácia da equipe e precisava ir embora. Depois de consultar seus superiores e o RH, David ofereceu-lhe um generoso pacote de aposentadoria precoce, eliminou seu cargo e reestruturou os grupos de vendas sob um único VP. Nomeou a equivalente de Carlos nas vendas de medicina intervencionista, Lois, para liderar as vendas unificadas. E, para ajudar Lois nessa função maior, pediu ao RH que a inscrevesse num programa intensivo de desenvolvimento de liderança que incluía coaching.

Outra grande mudança de David em relação ao pessoal foi encontrar, dentro da empresa, um novo cargo para Henry, seu VP de recursos humanos. Felizmente, o grupo tinha uma vaga em que Henry se encaixava bem e ele a assumiu alegremente, sentindo-se um tanto aliviado dos estresses ocorridos na unidade de David. Isso permitiu a David ir em busca de um novo VP com habilidades para planejamento, aquisição e desenvolvimento de talentos, necessárias para fortalecer os níveis inferiores do pessoal de vendas e de marketing.

Alinhamento

Você também vai precisar garantir que todos tenham uma noção clara de propósito e de direção. Às vezes a direção de atuação da equipe precisa ser mudada. Outras vezes, está mais ou menos correta, mas as pessoas simplesmente não estão unindo esforços.

Para um alinhamento geral, a equipe precisa concordar nas respostas a quatro perguntas básicas:

O que vamos realizar? Isso é expresso pela missão, pelos objetivos e pelas métricas importantes.

Por que fazer isso? É aqui que entram em cena sua declaração de visão e os incentivos.

Como vamos fazer isso? Inclui definir a estratégia da equipe em relação à da organização, bem como elaborar os planos e atividades necessários para a execução.

Quem vai fazer isso? As funções e responsabilidades das pessoas devem dar suporte a tudo que foi dito nas respostas anteriores.

Geralmente, os líderes se sentem mais confortáveis com o alinhamento do que com outros aspectos da remodelação, porque já dispõem de ferramentas e processos bem estabelecidos para isso, mas um elemento em especial costuma fazê-los tropeçar: o "porquê". Se faltar uma visão clara e convincente que inspire a equipe, e se faltarem os incentivos apropriados aos membros dessa equipe, eles provavelmente não se moverão com energia na direção certa. Remuneração e benefícios não são motivações suficientes se não vierem acompanhados de um conjunto completo de recompensas que inclua um trabalho interessante, status e possibilidades de crescimento.

Isso pode ser desafiador, e por diversas razões. É difícil identificar quando incentivos *ocultos* (como comprometimentos paralelos com outras equipes) estão interferindo. Além disso, você talvez tenha poder limitado quanto a certas recompensas, como é comum no caso da remuneração.

Durante as entrevistas de avaliação individual e discussões em grupo, David descobriu que as pessoas não estavam tão alinhadas quanto deveriam quanto aos objetivos, às métricas e aos incentivos. Em termos específicos, os dois grupos de vendas não tinham estímulos para se ajudarem. E, para piorar, a insuficiência do orçamento de marketing fazia as equipes dos dois produtos competirem pelos recursos de maneiras contraproducentes.

Para fazer com que os membros de sua equipe se esforçassem pelas mesmas coisas, David desenvolveu junto com eles um abrangente painel de métricas que seria revisto regularmente. Também realinhou a equipe ao restante da empresa elevando o nível de desempenho à altura das expectativas do comitê executivo. No processo de planejamento do negócio, ele fez a equipe se comprometer a alcançar um nível maior de crescimento. Mas talvez o mais importante foi que ele sanou a questão do desalinhamento de incentivos, que tinha criado conflito entre os dois grupos de vendas. Com a função agora unificada, ele e Lois reestruturaram a força de vendas segundo divisões geográficas, de modo que cada vendedor representasse os dois novos produtos e fosse recompensado de acordo com sua atuação.

Modelo de operação

Remodelar uma equipe envolve também repensar como e quando as pessoas se reúnem para executar o trabalho. Para tanto, pode-se aumentar ou diminuir o número de membros "nucleares", ou "centrais", criar subequipes, ajustar os tipos e a frequência de reuniões, mudar o modo de conduzir as reuniões e projetar novos procedimentos de follow-up.

Essas mudanças podem ser alavancas poderosas para melhorar o desempenho da equipe. Infelizmente, porém, é comum que novos líderes continuem a operar do mesmo modo que faziam seus antecessores ou que façam apenas pequenos ajustes. Para pensar com mais criatividade sobre o modelo de operação de sua equipe, identifique os limites reais ao modo de trabalho atual – por exemplo, planos de negócios e processos orçamentários estabelecidos para toda a empresa – e depois investigue possibilidades de eficiência e produtividade maiores mesmo dentro desses limites. Além disso, considere se faz sentido criar subequipes (formais ou informais) para melhorar a colaboração entre cargos interdependentes. Considere também se certas atividades pedem atenção mais frequente do que outras, para você conseguir estabelecer um cronograma de reuniões que seja funcional tanto para toda a equipe como para as subequipes.

Tendo identificado interdependências cruciais entre vendas, marketing e comunicação, David criou uma subequipe de líderes dessas áreas. Para obter deles atenção maior e feedback mais rápido, decidiu por reuniões semanais com esse grupo. As reuniões com a equipe completa seriam apenas a cada dois meses, para repassar informações e discutir questões estratégicas. A subequipe supervisionava os esforços para aprimorar e executar estratégias de conquista de mercado para os dois produtos – que eram a prioridade imediata de David. O trabalho era feito por equipes multidisciplinares, compostas pelos subordinados diretos dos líderes de vendas, marketing e comunicação. Com a otimização de processos, o incremento na colaboração e a aceleração dos tempos de resposta – além da reestruturação da força de vendas e de um aumento nos recursos de marketing –, as vendas dispararam.

Ao repensar a frequência e as pautas das reuniões, será de boa ajuda compreender os três tipos de reunião que equipes de liderança costumam realizar – estratégicas, operacionais e formativas –, para que você possa definir a duração adequada de cada uma. Reuniões *estratégicas* são para tomar as grandes decisões: modelos de negócios, visão, estratégia, configurações organizacionais, etc. Embora sejam relativamente esparsas, requerem tempo para debates profundos. Reuniões *operacionais* são para rever prognósticos e medidas de desempenho de curto prazo e ajustar atividades e planos à luz desses resultados. Geralmente são mais breves, porém mais frequentes do que as reuniões estratégicas. Por fim, as reuniões *formativas* são programadas de acordo com a necessidade, em geral após crises ou em resposta a questões emergentes. Podem focar também na formação da equipe.

Quando se tenta unir tudo isso numa única e recorrente reunião, as urgências operacionais não deixam tempo para debates estratégicos ou de aprendizado. Se você elaborar o mix correto de tipos de reunião e programar cada tipo de acordo com seu próprio ciclo regular, poderá evitar esse problema. Geralmente é melhor definir primeiro o ritmo das reuniões operacionais, decidindo a periodicidade e os participantes. Em seguida, você poderá sobrepor as menos frequentes reuniões estratégicas, permitindo que haja bastante tempo para debates. Finalmente, poderá estabelecer em que situação serão feitas reuniões formativas *ad hoc*. Você pode, por exemplo, decidir realizá-las após todo grande evento de mercado (como o lançamento de um produto concorrente) ou caso haja uma significativa falha interna (como um recall de produto).

Integração

O elemento final da remodelação é a integração. Consiste em estabelecer regras e processos básicos para alimentar e manter comportamentos desejáveis e servir como modelo a ser seguido. É claro que a composição, o alinhamento e o modelo de operação da equipe também influenciam o comportamento dos membros, mas é preciso trabalhar outros elementos além desses, especialmente quando a equipe herdada tem uma dinâmica negativa. Essas situações exigem trabalho corretivo: mudar os padrões destrutivos e fomentar um senso de propósito compartilhado.

Foi o que aconteceu com a equipe de David. A disputa interna entre os VPs de vendas e de marketing, somada à incapacidade do líder anterior de frear o mau comportamento de Carlos e de garantir recursos, corroeu a confiança dos profissionais envolvidos. Quando David reestruturou o setor de vendas, a equipe se deu conta de que ele era decisivo e direto (ao contrário de seu antecessor). Ele também ganhou respeito pelas mudanças que fez na composição da equipe e por ter corrigido o orçamento do marketing. Assim, estava numa boa posição para reconstruir a confiança. Começou encomendando uma avaliação mais focada da dinâmica da equipe; era o momento certo para se lançar mais fundo nessa questão, agora que já estava havia um tempo na função e ganhara credibilidade dentro do grupo. Essa avaliação independente e especializada incluía uma pesquisa de opinião anônima com os membros da equipe, seguida por entrevistas que se concentravam nos elementos-chave da confiança dentro dos grupos de liderança:

- confiança em que todos os membros da equipe tenham competência para suas tarefas;

- transparência no fluxo de informações;
- crença de que os compromissos serão honrados;
- segurança psicológica para expressar opiniões divergentes sem medo de depreciação, crítica ou retaliação;
- segurança de que a confiança será preservada;
- unidade quanto a decisões acordadas.

A avaliação revelou que transparência, segurança psicológica e unidade eram as questões de confiança primordiais para a equipe. Para comunicar o resultado, David convocou todos para uma reunião fora da empresa. Ressaltou que nunca seriam uma equipe vitoriosa se os problemas de confiança persistissem e expôs o que tinha descoberto serem as causas estruturais (incentivos desalinhados, recursos insuficientes, o impacto da atitude de Carlos), ressaltando o que já fora feito para contorná-las. E o mais crucial, afirmou sua confiança em que a unidade podia se tornar uma equipe de alto desempenho – e declarou seu comprometimento em fazer isso acontecer.

Em seguida, David esquematizou um processo de reformular a dinâmica na equipe. Primeiro, todos deveriam concordar com certos princípios de comportamento: compartilhar informações, tratarem-se reciprocamente com respeito e agir como "uma só equipe" depois que as decisões fossem tomadas. Outra medida seria incorporar maior transparência no processo decisório. Ele sempre comunicaria previamente e com clareza se tomaria a decisão sozinho, se a atribuiria a um pequeno grupo ou se buscaria o consenso de toda a equipe.

Após o encontro, David se concentrou em "vivenciar", ele mesmo, esses novos princípios e processos. Também passou a reforçar os comportamentos desejados. E, quando via surgir algum comportamento improdutivo, intervinha sem demora – em reuniões ou individualmente. Embora tenha levado tempo, porque velhos hábitos não morrem fácil, a dinâmica do grupo melhorou.

David teve o cuidado de revisitar esses princípios e processos quando seu novo VP de RH se integrou à equipe. Revisitar e reforçar expectativas de comportamento precisa ser uma prática padrão sempre que houver mudança na composição ou na missão da equipe. Vale a pena também programar uma revisão regular (trimestral ou semestral) de como a equipe está funcionando e se os princípios estão sendo mantidos.

Aceleração do desenvolvimento da equipe

Dando continuidade a seu trabalho de avaliação e remodelação, novos líderes precisam de algumas primeiras conquistas para injetar ânimo na equipe. Como David sabia por experiência, isso faz os profissionais se sentirem mais confiantes e reforça o valor dos novos processos e regras. David e sua equipe começaram estabelecendo metas desafiadoras para as vendas dos três meses seguintes; depois, trataram de como alcançá-las. Especificaram o trabalho necessário e os responsáveis, determinaram apoios externos de stakeholders essenciais, designaram responsabilidades para construir relacionamentos e elaboraram mensagens e métodos para compartilhar resultados com o restante da organização. Superaram as metas com uma margem substancial.

Após esses sucessos, a equipe se valeu deles para continuar se desenvolvendo. O resultado foi um círculo virtuoso de conquistas e confiança. No final do primeiro ano de David, o crescimento nas vendas tinha ultrapassado de longe as metas. Previsões que já eram ambiciosas tiveram que ser ampliadas três vezes. O comitê executivo, compreensivelmente, ficou encantado com o progresso, o que deu a David abertura para angariar mais recursos, expandir a força de vendas e exceder os limites usuais de salário para contratar talentos de peso. A trajetória de crescimento perdurou por dois anos, até que a introdução de novos produtos por empresas concorrentes impôs novos desafios. Àquela altura, no entanto, a equipe havia conquistado uma posição dominante no mercado e estava pronta para lançar seus novos produtos.

Publicado originalmente em junho de 2016.

3

Salvando os gestores inexperientes deles mesmos

Carol A. Walker

TOM EDELMAN, como um milhão de gestores novatos antes dele, tinha feito um trabalho maravilhoso colaborando com a equipe em nível individual. Era inteligente, confiante e cheio de ideias inovadoras. Os clientes gostavam dele, assim como seu chefe e seus colegas. Portanto, ninguém no departamento se surpreendeu quando o chefe ofereceu uma posição de gestão a Tom. Ele aceitou meio hesitante, pois gostava de trabalhar diretamente com clientes e relutava em abrir mão disso, mas, no geral, ficou felicíssimo.

Seis meses depois, quando fui chamado para fazer um trabalho de coaching com Tom (este é um nome fictício), tive dificuldade até para imaginar a pessoa confiante e atuante que ele havia sido no passado. Parecia um filhote assustado e perdido. Tom aparentava estar sobrecarregado e realmente empregou esse termo várias vezes para descrever o que sentia. Ele começara a duvidar de suas aptidões. Seus subordinados diretos, que já tinham sido colegas próximos, não pareciam mais respeitá-lo, nem sequer gostar dele. Além disso, começou a pipocar em seu departamento uma série de pequenas crises e Tom passava a maior parte do tempo apagando esses incêndios. Estava ciente de que não era a maneira mais eficaz de empregar seu tempo, mas não sabia como parar. Esses problemas ainda não haviam se traduzido em resultados ruins para o negócio, mas mesmo assim ele estava em apuros.

Seu chefe percebeu que era grande o risco de ele fracassar e me chamou para lhe dar assistência. Com apoio e coaching, Tom obteve a ajuda de que estava precisando e posteriormente tornou-se um gestor eficaz. Na verdade, foi promovido duas vezes depois de nosso trabalho e agora dirige uma pequena divisão na mesma empresa. Mas seu quase fracasso – e o caminho que o levou até esse ponto – é surpreendentemente típico. A maioria das organizações promove funcionários a cargos de gestão com base em sua competência técnica. Muitas vezes, no entanto, os promovidos não conseguem perceber como seus papéis mudaram – que seu trabalho não diz mais respeito a uma conquista pessoal, mas, em vez disso, a viabilizar a conquista de outros; e que, às vezes, dirigir o ônibus significa sentar-se no banco de trás; e que formar uma equipe é quase sempre mais importante do que fechar um negócio.

Até mesmo os melhores funcionários podem ter dificuldade para se adaptar à nova realidade da gestão. Essa dificuldade pode ser exacerbada por uma insegurança normal, que faz com que gestores inexperientes hesitem em pedir ajuda, mesmo percebendo que estão em território desconhecido. Quando esses novos gestores internalizam o estresse, seu foco torna-se interno também. Ficam inseguros e preocupados consigo mesmos e não conseguem dar apoio adequado às equipes. Inevitavelmente, a confiança é perdida, os subordinados se isolam e a produtividade sofre com isso.

Muitas empresas favorecem involuntariamente essa derrocada em espiral ao supor que os gestores inexperientes vão, de algum modo, assimilar aptidões cruciais de gestão por osmose. Alguns novatos conseguem fazer isso, claro, mas, segundo minha experiência, esses são as exceções. A maioria precisa de mais ajuda. Na ausência de um treinamento abrangente e de coaching intensivo – o que a maior parte das empresas

> **Em resumo**
>
> Você promoveu, sabiamente, um funcionário de alto desempenho a um cargo de gestão. Seis meses depois, esse astro em ascensão teve uma queda abrupta: ele está sobrecarregado, inseguro e não é respeitado pela equipe. Por quê?
>
> Você provavelmente o promoveu com base em sua competência técnica, depois esperou que ele assimilasse as aptidões de gestão por osmose.
>
> Mas ele não captou os verdadeiros desafios da gestão – por exemplo, dar poder a outros em vez de se esforçar por uma conquista pessoal. Inseguro para pedir ajuda, ele se volta para dentro. O moral da equipe despenca; a produtividade é ameaçada.
>
> Como salvar seu funcionário promissor? Ajude-o a delegar com sabedoria, a pensar estrategicamente e a se comunicar – aptidões básicas que levam ao sucesso a maioria dos novos gestores.

não oferece –, o chefe do gestor inexperiente desempenha um papel essencial. É claro que a maioria dos gerentes de nível estratégico não tem como passar horas e horas toda semana supervisionando o trabalho de um novo gestor; mas, se você souber quais são os desafios típicos que um gestor inexperiente enfrenta, será capaz de antecipar alguns problemas, cortando o mal pela raiz.

Delegar

Delegar com eficácia pode ser uma das tarefas mais difíceis para gestores inexperientes. Os superiores passam aos novatos grandes responsabilidades e prazos apertados, e os pressionam para obter resultados. A reação natural dos novos gestores diante desses desafios é dar um jeito para fazer o que precisa ser feito, uma vez que foi essa atitude que garantiu sua promoção. Mas a relutância em delegar atribuições também tem raízes em alguns temores bem reais. O primeiro é o medo de perder status: se eu atribuir projetos de alto nível aos membros de minha

Na prática

Aptidões de gestão essenciais para gestores inexperientes:

Delegar. Sob pressão da busca de produtividade, os novatos frequentemente "fazem eles mesmos" o trabalho, porque temem perder o controle ou sobrecarregar outros. Mas, ao deixar de delegar, eles estão bloqueando o avanço da equipe, fazendo com que ela se ressinta e depois se desmotive.

Como ajudar:
- Explique que o desenvolvimento da equipe é tão essencial quanto bons resultados financeiros.
- Lidere dando o exemplo. Confie no gestor novato e dê poder a ele; ele vai fazer a própria equipe se empenhar.
- Incentive-o a assumir pequenos riscos quando apela para a força da equipe. Os sucessos iniciais vão construir sua confiança.
- Ajude-o a fragmentar projetos complexos em segmentos gerenciáveis com etapas bem claras.

Obter ajuda de cima. Muitos gestores inexperientes acreditam que estão ali apenas para servir aos chefes, e não como parceiros. Para evitar parecerem vulneráveis, eles não pedem ajuda. Mas, se não virem em você uma crucial fonte de ajuda, não verão *a si mesmos* como fonte de ajuda para a própria equipe.

Como ajudar:
- Enfatize que uma comunicação aberta é essencial para o sucesso do gestor novato. Desestimule o hábito de acobertar problemas.
- Apresente-o a outros gestores aos quais pode recorrer.
- Faça com que *ele* prepare as pautas para as reuniões regulares. Esse processo o ajudará a organizar as próprias ideias.

Transmitir confiança. Novos gestores que não transmitem confiança são incapazes de elevar o ânimo das pessoas. Uma conduta arrogante ou insegura pode repelir os outros membros da equipe.

Como ajudar:
- Estimule um "comportamento consciente"; uma consciência constante da imagem que o novo gestor está projetando.
- Deixe que ele expresse sentimentos, mas em sua sala, com as portas fechadas.
- Impeça-o de minar a própria autoridade; por exemplo, forçando uma iniciativa só porque a gestão superior solicitou. Explique o processo de apresentar uma iniciativa de maneira persuasiva, garantindo que ele seja o *dono* da mensagem, e não apenas o encarregado de transmiti-la.

Enxergar a situação como um todo. Muitos gestores inexperientes deixam que medidas emergenciais eclipsem iniciativas estratégicas. O esforço para correção de problemas *parece* ser produtivo, mas não ensina equipes a enfrentar elas mesmas os desafios ou a pensar estrategicamente.

Como ajudar:
- Explique que o pensamento estratégico vai compor cada vez mais o trabalho à medida que o novo gestor avança na carreira.
- Ajude-o a focar no longo prazo, na visão do todo. Faça perguntas estratégicas; por exemplo: "Que tendências de mercado você está vendo que poderão afetá-lo em seis meses?"
- Solicite planos por escrito para documentar objetivos estratégicos, assim como as ações concretas que os apoiem.

Oferecer feedback construtivo. A maioria dos novos gestores tem medo de corrigir um desempenho inadequado de membros da equipe. Mas essa omissão lhes custa a própria credibilidade.

> **Como ajudar:**
> - Explique que um feedback construtivo fortalece as aptidões dos membros da equipe.
> - Explique a ele como dar um feedback sobre comportamentos, e não sobre personalidades.

equipe, eles ficarão com o crédito. Que tipo de visibilidade vai sobrar para mim? Será que estará claro para meu chefe e para a equipe o valor de minha contribuição? O segundo é o medo de abdicar do controle: se eu permitir que Frank faça isso, como posso ter certeza de que vai fazer corretamente? Diante desse temor, o gestor inexperiente pode até delegar tarefas, mas vai supervisionar Frank tão de perto que este nunca vai se sentir responsável pelo próprio trabalho. Por fim, o novato pode hesitar em delegar porque tem medo de sobrecarregar a equipe. Pode se sentir desconfortável ao atribuir tarefas a ex-colegas por temer que fiquem ressentidos. Mas o ressentimento real costuma surgir quando membros da equipe sentem que a falta de oportunidades está bloqueando o progresso deles.

Alguns dos sinais de que esses temores se instalaram são os novos gestores trabalharem muitas horas além do expediente, hesitarem em assumir novas responsabilidades, disporem de membros na equipe que não parecem estar engajados ou terem a tendência de responder pelos funcionários em vez de estimulá-los a se comunicar diretamente.

O primeiro passo para ajudar gestores inexperientes a delegar com eficácia é fazê-los compreender seu novo papel. Explique que seu trabalho difere fundamentalmente do de um colaborador individual. Deixe claro o que você e a organização valorizam nos líderes. Desenvolver funcionários talentosos, que possam ser promovidos, é um fator-chave em qualquer organização. Explique aos novos gestores que eles serão recompensados por esses esforços menos tangíveis, e não apenas por atingirem metas numéricas. A compreensão desse novo papel representa metade da batalha dos gestores inexperientes, papel que muitas empresas, equivocadamente, presumem ser evidente desde o início.

Após esclarecer como o papel do novo gestor mudou, você pode seguir conversando sobre táticas. Talvez seja desnecessário dizer, mas você deve liderar pelo exemplo. É responsabilidade sua conceder poder ao gestor inexperiente e fazer o possível para ajudá-lo a superar as inseguranças quanto ao próprio valor para a organização. Com o tempo, poderá então ajudá-lo a encontrar oportunidades de empoderar e motivar a equipe dele.

Um jovem gestor com quem trabalhei sempre encontrava tempo para treinar e supervisionar novos funcionários. Sua firma tinha sido adquirida recentemente e ele precisava lidar com uma alta taxa de rotatividade na equipe, além das novas regras e dos novos regulamentos. A funcionária mais antiga na equipe – uma mulher que tinha trabalhado para a empresa adquirente – estava prestes a voltar de uma longa licença e ele estava convencido de que não poderia pedir ajuda a ela; afinal, ela não trabalhava em tempo integral e tinha pedido para atender a maior cliente da empresa. Para complicar as coisas, o jovem gestor suspeitava que ela estivesse ressentida com a promoção dele. À medida que avaliamos a situação, o gestor pôde perceber que a prioridade da veterana era se restabelecer como parte importante da equipe. Quando se deu conta disso, ele lhe pediu que assumisse responsabilidades cruciais de supervisão, o que seria compensado por uma menor carga de clientes, com o que ela concordou de pronto. Na verdade, voltou da licença empolgada com essa parceria na missão de desenvolver a equipe junto com o gestor.

Quando um novo gestor resmungar sobre o aumento da carga de trabalho, aproveite a oportunidade para discutir delegação de tarefas. Incentive-o a assumir inicialmente pequenos riscos, tendo em vista os pontos fortes óbvios dos funcionários. Por exemplo, pedir a seu superorganizado e confiável assistente que assuma a liderança na condução da logística do lançamento de um novo produto é muito menos arriscado do que pedir isso ao astro da equipe de vendas que não está acostumado a esse tipo de trabalho detalhado. Sucessos iniciais vão fomentar a confiança do gestor e sua disposição para assumir riscos cada vez maiores, ampliando as aptidões de todos os membros da equipe. Reitere que delegar não significa abdicar. Fragmentar um projeto complexo em segmentos gerenciáveis, cada um com etapas claramente definidas, facilita um acompanhamento eficaz. Também é importante agendar reuniões regulares até mesmo antes de o projeto começar, como forma de assegurar que o gestor esteja a par de tudo e que os membros da equipe se sintam responsáveis pelo próprio trabalho.

Recebendo apoio de cima

A maioria dos gestores inexperientes considera o relacionamento com o chefe mais como uma servidão do que como uma parceria. Eles vão esperar que você tome a iniciativa de marcar reuniões, pedir relatórios e questionar resultados. Talvez você aprecie esse comedimento, mas geralmente não é bom sinal. Por um lado, exerce sobre você uma pressão indevida para manter o fluxo da comunicação em andamento. Mais importante ainda, evita que gestores novatos vejam em você uma fonte de apoio fundamental. Se eles não o veem como tal, é improvável que vejam a si mesmos dessa maneira em relação à própria equipe. O problema não é só o fato de que seu cargo os intimida; também tem a ver com o temor que eles têm de parecer vulneráveis. Um gestor recém-promovido não quer que você note os pontos fracos dele, menos ainda que ache que cometeu um erro ao promovê-lo. Quando pergunto a novos gestores sobre o relacionamento com seus chefes, frequentemente admitem que tentam "ficar fora do radar do chefe" e "tomam cuidado com o que dizem a ele".

Alguns novatos não vão buscar sua ajuda mesmo quando começam a tropeçar. Muitas vezes, gestores inexperientes aparentemente capazes tentam encobrir um projeto ou um relacionamento ameaçado – só até que consigam tê-los de novo sob controle. Por exemplo, uma gestora com quem trabalhei numa empresa de tecnologia contratou um profissional 20 anos mais velho do que ela. O processo de transição foi instável e, mesmo com os melhores esforços, o indivíduo não estava se adaptando à organização. (A empresa, como muitas no setor tecnológico, tinha políticas voltadas para os jovens.) Em vez de procurar ajuda junto ao chefe, a gestora continuou a lidar com a situação sozinha. O funcionário acabou pedindo demissão na época mais cheia de trabalho no ano e a jovem gestora sofreu a dupla punição de estar com uma equipe desfalcada no pior momento possível e de saber que tinha perdido um colaborador potencialmente importante.

O que deve fazer o chefe de um gestor inexperiente? Pode começar esclarecendo quais são as expectativas do cargo. Explicar a conexão que existe entre o sucesso do novo gestor e o seu sucesso, de modo que ele compreenda que é necessária uma comunicação aberta para atingir seus objetivos. Deixe claro que você não espera que ele tenha todas as respostas. Apresente-o a outros gestores na empresa que também podem ajudá-lo e incentive-o a recorrer a eles se necessário. Diga que erros acontecem, mas que o ato de encobrir é sempre pior do que a falha em si. Esclareça que você gosta de receber eventuais convites para almoçarem juntos tanto quanto gosta de fazê-los.

Almoços e reuniões informais são importantes, mas em geral não são suficientes. Considere a ideia de se reunir com regularidade com o novo gestor – talvez reuniões semanais nas primeiras etapas de um novo projeto, passando a quinzenais ou mensais quando ele estiver mais confiante. Essas reuniões vão estabelecer um vínculo entre ambos, fornecer a você uma percepção de como o novato está abordando o trabalho e fazer com que ele organize seus pensamentos de modo regular. Deixe claro que essas reuniões contam como tempo de trabalho dele e que cabe a ele planejar a agenda. Você está lá para fazer e responder a perguntas e dar conselhos. A mensagem que transmite é que o trabalho individual é importante e que você é um parceiro leal. De modo sutil, você está modelando uma forma de, ao mesmo tempo, conferir poder e orientar subordinados.

Transmitindo confiança

Parecer confiante quando você não está – este é um desafio que todos nós enfrentamos e, como gestores de nível estratégico, em geral temos consciência dessa necessidade quando ela se manifesta. Gestores inexperientes frequentemente estão tão focados em si mesmos que não percebem essa necessidade nem a imagem que estão projetando. Estão tão voltados para o conteúdo que se esquecem de que a forma também conta. As primeiras semanas e meses no trabalho constituem um período crítico para que novos líderes se comuniquem com a equipe. Se não transmitirem confiança, dificilmente conseguirão inspirar e levantar o ânimo de seus subordinados.

Trabalho dia após dia com novos gestores que não têm consciência de que seu comportamento prejudica a organização. Numa empresa de tecnologia que estava crescendo com bastante velocidade, a gestora de atendimento ao cliente, Linda, enfrentava altos níveis de estresse. Interrupções no serviço eram bem comuns e estavam fora do controle dela. Clientes reclamavam, e eles também sofriam grande pressão. A equipe de Linda, que crescia a olhos vistos, era no geral pouco experiente. Clientes e funcionários agitados a estressavam sempre. Ela parecia estar permanentemente cansada, apressada e com medo, já antecipando o pior. Talvez o desafio fosse grande demais para uma gestora de primeira viagem, mas é isso que acontece em empresas que crescem tão rápido. Em certo nível, Linda estava fazendo um trabalho excelente, mantendo a operação em andamento. A base de clientes aumentava e o índice de retenção era alto – em grande parte como resultado da energia e por sua habilidade de lidar com problemas de modo eficaz. Mas, em outro nível, ela estava causando muitos prejuízos.

O comportamento frenético de Linda teve duas repercussões críticas. Primeiro, ela involuntariamente definiu o padrão para uma conduta considerada aceitável em seu departamento e sua equipe inexperiente começou a apresentar o mesmo comportamento. Não demorou muito e outros departamentos ficaram relutantes em se comunicar com Linda ou com sua equipe, por medo de incomodá-los ou de provocar uma reação emocional. Mas, para que a empresa encontre soluções reais para problemas no atendimento, os departamentos precisam trocar informações abertamente, e isso não estava acontecendo. Segundo, não parecia, aos olhos dos gestores corporativos do alto escalão, que Linda continuaria a ascender na empresa. Eles estavam satisfeitos com suas aptidões na resolução de problemas, mas não viam nela uma gestora de nível estratégico confiante e ponderada tomando forma. A imagem que Linda projetava iria, afinal, empacar tanto sua carreira quanto seu departamento.

Nem todos os gestores inexperientes têm os problemas que Linda teve. Alguns parecem excessivamente arrogantes. Outros não conseguem esconder a própria insegurança. Se o gestor que responde a você parece assoberbado, arrogante ou relutante, um feedback honesto é a melhor ferramenta. Você pode ajudá-lo dizendo que o mais seguro é sempre pôr para fora o que está sentindo – em sua sala, a portas fechadas. Reitere quanto

O comportamento dele impacta o grupo no momento em que ele assume uma posição de liderança. Os membros da equipe o observam com atenção e, se virem profissionalismo e otimismo, provavelmente demonstrarão essas características também. Fale sobre o comportamento consciente – a constante consciência da imagem que a pessoa está transmitindo para o mundo. Se você observar que um gestor passa uma imagem que não é positiva, diga isso a ele assim que notar.

Você também deve permanecer alerta quanto a novos gestores que solapam a própria autoridade. Linda cometeu outro erro clássico de um gestor inexperiente quando tentou fazer os membros da equipe implementarem uma iniciativa sugerida pela chefe. Ao apresentar a iniciativa, ela disse à equipe que era importante implementá-la porque tinha vindo do vice-presidente sênior da divisão. Embora sua intenção fosse boa – mobilizar a equipe para a ação –, suas palavras fizeram o grupo focar a atenção acima dela, não nela. Não há forma mais rápida de um novo gestor perder credibilidade junto à equipe do que parecer apenas um porta-voz da gestão corporativa de alto escalão. Salientar que os superiores vão verificar como está indo a iniciativa sem dúvida não será prejudicial, mas o novo gestor deve tomar cuidado para nunca ser visto simplesmente como um mensageiro.

Uma reunião de coaching no momento exato muitas vezes é o método mais eficaz de demonstrar a novos gestores como transmitir confiança. Por exemplo, na primeira vez em que você pedir a um novo gestor que implemente uma iniciativa, dedique um pouco de tempo extra a conduzi-lo no processo. Incuta nele a regra básica da gestão: a equipe não precisa necessariamente gostar do chefe, mas precisa confiar nele. Assegure-se de que o novo gestor domine a mensagem que transmite.

Demissões de funcionários são um exemplo clássico de mensagem que um gestor inexperiente vai ter dificuldade em transmitir. Não deixe que um novo gestor faça isso sem estar totalmente preparado. Compartilhe o máximo de informação que puder. Assegure-se de que ele esteja pronto para todas as prováveis perguntas e reações, pedindo que ensaie a situação com você. Você vai ficar surpreso ao ver como ele transmite mal a mensagem nas primeiras tentativas. Um pouco de prática preserva a imagem do gestor e a da empresa.

Enxergando a situação como um todo

Gestores inexperientes têm mais propensão a permitir que tarefas imediatas se sobreponham a iniciativas abrangentes. Isso vale principalmente para aqueles que acabaram de chegar das linhas de frente, onde as pessoas estão acostumadas com um constante tiroteio. Como colaborador individual recente, munido de um excelente conhecimento técnico, o novo gestor corre instintivamente para resgatar qualquer cliente ou membro da equipe que esteja precisando de ajuda. A sensação de realização que os novos gestores extraem desses resgates é sedutora e muito mais estimulante do que erradicar a causa de todo aquele tiroteio. E o que poderia ser melhor para o espírito da equipe do que fazer o chefe pular para dentro das trincheiras e combater o bom combate?

Claro que um líder que se junta às tropas em situações de emergência demonstra ter grande espírito de equipe. Mas serão todas essas emergências realmente emergências? Os membros mais novos da equipe estão sendo capacitados a lidar com desafios complexos? E, se o novo gestor estiver ocupado apagando incêndios, quem vai pensar em termos estratégicos para o departamento? Se você for o gestor de nível estratégico e essas questões estiverem pipocando em sua cabeça, pode ser porque você chefia um gestor inexperiente que não compreende de todo o próprio papel ou tem medo de assumi-lo.

Trabalhei recentemente com um jovem gestor que estava tão acostumado a reagir a um fluxo contínuo de problemas que relutava em separar um tempo para trabalhar nas iniciativas estratégicas que tínhamos identificado. Quando perguntei sobre isso, ele revelou sentir que parte crítica de seu papel era esperar que surgisse uma crise. "E o que vai acontecer se eu separar e agendar esse tempo e algo urgente ocorrer e eu desapontar alguém?", perguntou ele. Quando salientei que ele sempre poderia adiar as sessões sobre estratégias se surgisse uma verdadeira emergência, ele pareceu aliviado. Mas o novato considerava o conceito de arranjar um tempo para pensar no negócio uma autoindulgência – e isso apesar de terem solicitado a seu grupo que aumentasse significativamente a produtividade no ano fiscal seguinte e de ele nada ter feito para preparar todo mundo para essa realidade.

Gestores de nível estratégico podem ajudar os novatos explicando a eles que pensamento estratégico é uma aptidão necessária para avançar na carreira: para gestores iniciantes, talvez 10% do trabalho sejam estratégicos e 90% táticos. No entanto, à medida que os líderes sobem na hierarquia da corporação, há uma mudança nesses percentuais. Para ser bem-sucedidos no nível seguinte, os gestores precisam demonstrar que são capazes de pensar e agir estrategicamente. Você pode utilizar as reuniões regulares para ajudar os gestores a enxergarem o quadro como um todo. Não permita que eles simplesmente repassem os últimos resultados e sigam adiante. Faça perguntas investigativas acerca desses resultados. Por exemplo: "Que tendências você vê no mercado que possam afetar você daqui a dois trimestres? Conte-me como seus concorrentes estão reagindo a essas mesmas tendências." Não deixe que satisfaçam você ao descreverem o maravilhoso treinamento que as equipes estão recebendo sem perguntar: "Quais são as aptidões adicionais que precisamos desenvolver na equipe para aumentar a produtividade em 25% no próximo ano?" Se não ficar satisfeito com as respostas dos novos gestores, diga-lhes que espera que pensem deste modo: não precisam ter todas as respostas, mas devem estar engajados no processo de pensamento estratégico.

É muito comum que gestores inexperientes se concentrem mais em atividades do que em objetivos. Isso porque as atividades podem ser realizadas rapidamente (por exemplo, o desenvolvimento de um seminário para melhorar as qualificações da equipe de vendas na apresentação do produto), ao passo que atingir objetivos geralmente leva mais tempo (por exemplo, aumentar a eficácia da equipe de vendas). O gestor sênior pode ajudar o gestor inexperiente a pensar de maneira estratégica ao pedir que liste por escrito objetivos, distinguindo claramente entre os objetivos propriamente ditos e as atividades que os favoreçam. A insistência numa disciplina de estabelecer objetivos ajudará os gestores a organizar os próprios jogos de planejamento estratégico. Objetivos críticos porém genéricos, como o de desenvolver a equipe, costumam ser negligenciados porque são difíceis de mensurar. Colocá-los no papel com etapas claras de ação os tornará concretos, propiciando um sentimento de realização quando são alcançados e uma probabilidade maior de que haverá recompensa. Gestores com objetivos claros ficarão menos tentados a agir taticamente em tempo integral.

Tão importante quanto, o processo ajudará você a ter certeza de que eles estão pensando nas questões certas e organizando suas equipes para atuarem de maneira eficaz.

Fornecendo um feedback construtivo

Faz parte da natureza humana evitar confrontos, e a maioria das pessoas sente-se mal quando precisa corrigir o comportamento ou as ações de alguém. Gestores inexperientes não são exceção e frequentemente evitam falar com a equipe sobre questões importantes. O cenário típico é mais ou menos assim: um funcionário está enfrentando dificuldades para atingir metas de desempenho ou está agindo de modo inapropriado nas reuniões. O gestor cruza os braços, observa e espera que as coisas melhorem como em um passe de mágica. Outros membros da equipe observam a situação e ficam frustrados com a falta de atitude do gestor. A frustração do próprio gestor aumenta, pois ele não consegue acreditar que o subordinado não esteja percebendo. Uma questão simples e direta de desempenho evoluiu agora para um problema de credibilidade. Quando o gestor finalmente menciona o problema, ele o personaliza, deixa a frustração se infiltrar na discussão com o subordinado e vê o interlocutor se apressar em se defender do ataque.

A maioria dos gestores inexperientes espera tempo demais para conversar com a equipe sobre problemas de desempenho. O gestor sênior pode ajudar ao criar um ambiente no qual um feedback construtivo é percebido não como crítica, mas como fonte de empoderamento. Isso começa com o feedback que você fornece a seus gestores sobre o desenvolvimento deles. Pode ser simplesmente fazer com que confidenciem a você quais são as fraquezas deles antes de elas se tornarem problemáticas. Por exemplo, após o relato de um bom desempenho, é possível dizer ao novo gestor: "Tudo indica que você tem um futuro brilhante aqui, por isso é importante que falemos sobre o que você não quer que eu saiba. Em relação a que você se sente menos confiante? Como podemos abordar essas áreas para que esteja preparado para qualquer situação que apareça?" Você provavelmente ficará surpreso ao ver como a maioria dos funcionários de alto desempenho é receptiva às necessidades do próprio desenvolvimento. Mas é bem capaz de não fazerem nada a respeito, a menos que você exponha essas necessidades.

É bem provável que o feedback que os gestores têm para oferecer às equipes não seja sempre muito positivo ou fácil de ser apresentado. A chave é estimular neles a vontade de ajudar os subordinados a alcançar seus objetivos. A partir desse ponto de vista, fica mais fácil abordar até mesmo as mais desagradáveis questões pessoais.

Um dos meus clientes gerenciava um funcionário sênior que tinha alto desempenho, mas que notoriamente não ajudava os outros no departamento e que se ressentia do fato de não estar progredindo. Em vez de evitar tocar no assunto por não querer dizer ao membro da equipe que sua atitude era ruim, o gestor adotou uma abordagem mais produtiva. Ele usou o conhecimento que tinha dos objetivos pessoais do funcionário como alavanca para introduzir o feedback: "Sei que você está ansioso por seu primeiro papel de gestão, e uma de minhas metas é ajudá-lo a alcançar esse objetivo. Não posso fazer isso sem ser totalmente honesto com você. Grande parte do papel de um gestor consiste em desenvolver melhor as aptidões de sua equipe. Você está demonstrando que não gosta desse papel. Como podemos trabalhar juntos nisso?" Nenhuma culpa, nenhuma repreensão – apenas a oferta de ajuda para conseguir o que queria. Mesmo assim, a mensagem é recebida em alto e bom som.

O que levou a essa abordagem foi uma sessão de brainstorming que esse cliente e eu tivemos sobre caminhos para oferecer um feedback difícil. Frequentemente, sessões de brainstorming auxiliam novos gestores a ver que questões pessoais delicadas podem ser fragmentadas em questões práticas de negócios. No caso do membro sênior da equipe que não ajudava, não era necessário que essa atitude realmente entrasse na discussão, mas suas ações, sim. Recomendar a mudança de uma ação é muito mais fácil do que recomendar a mudança de atitude. Não se esqueça do velho ditado: não se pode pedir que as pessoas mudem de personalidade, mas é possível pedir que mudem de comportamento.

Realmente, os gestores seniores deveriam compartilhar suas técnicas de como conduzir conversas difíceis. Uma gestora com quem trabalhei assumia uma atitude defensiva sempre que um membro da equipe questionava sua avaliação para tomada de decisão. Ela não precisava de mim para dizer que seu comportamento estava minando sua imagem e sua eficácia. Ela precisava de mim para que eu propusesse algumas técnicas que lhe permitiriam reagir de modo diferente no calor do momento. A gestora treinou a si mesma para reagir rápida e seriamente com um pequeno repertório de perguntas como: "Você pode me explicar melhor o que quer dizer com isso?" Essa técnica simples lhe dava o tempo de que precisava para organizar as ideias e se engajar num diálogo produtivo, não defensivo. Ela estava muito envolvida com a situação para conceber por si mesma essa técnica.

Delegar, pensar estrategicamente, comunicar-se – você pode estar pensando que tudo isso soa como tópicos de introdução à gestão. E está certo. Os elementos mais básicos da gestão de pessoas são muitas vezes os que fazem os gestores tropeçarem no início da carreira. E, porque são básicos, os chefes de gestores inexperientes frequentemente os têm como óbvios. Mas não deveriam – um número extraordinário de pessoas não consegue desenvolver essas aptidões. Ao longo deste artigo posso ter dado a entender que somente gestores inexperientes sofrem por não terem dominado essas aptidões essenciais. Mas a verdade é que gestores de todos os níveis cometem esses erros. Uma organização que der suporte aos novos gestores, ajudando-os a desenvolver essas aptidões, terá vantagens surpreendentes sobre as concorrentes.

Publicado originalmente em abril de 2002.

4

Gerenciando ambientes de trabalho de alta intensidade

Erin Reid e Lakshmi Ramarajan

NÃO FALTAM HISTÓRIAS SOBRE ORGANIZAÇÕES – do Vale do Silício a Wall Street, de Londres a Hong Kong – ávidas por extrair o máximo de tempo de seus funcionários. Rotineiramente, gestores sobrecarregam seus subordinados, fazem contato fora do horário de expediente e exigem trabalho adicional no último minuto do dia. Para satisfazer essas demandas, os funcionários chegam cedo, ficam até tarde, varam noites, trabalham nos fins de semana e ficam grudados em seus dispositivos eletrônicos 24 horas por dia. Os que não podem – ou não querem – corresponder são penalizados.

Dessa maneira, as organizações pressionam seus funcionários a se tornarem o que sociólogos chamaram de trabalhadores ideais: pessoas totalmente dedicadas ao emprego e sempre disponíveis. O fenômeno está amplamente disseminado em ambientes profissionais e gerenciais, e tem sido documentado em profundidade em startups de tecnologia, bancos de investimentos e organizações médicas. Em lugares assim, qualquer sugestão de interesses e compromissos externos significativos pode ser interpretada como inaptidão para o trabalho.

Era isso que Carla Harris temia quando começou na Morgan Stanley, onde é hoje executiva sênior. Também é uma apaixonada cantora gospel, com três CDs lançados e inúmeros shows na bagagem. Mas no início de sua carreira nos negócios ela manteve privada essa parte de sua vida, temendo se prejudicar profissionalmente se soubessem o tempo que ela dedica ao canto. Diversos estudos indicam que ela tinha razão em se preocupar.

Para serem trabalhadores ideais, as pessoas devem optar, reiteradamente, por priorizar seu emprego acima de todas as outras áreas da vida: a maternidade ou paternidade (concretizada ou projetada), as necessidades pessoais e até a saúde. É difícil falar sobre essa realidade e mais ainda desafiá-la, porque, a despeito dos bem documentados custos pessoais e físicos, um número avassalador de pessoas acredita que o sucesso *exige* delas e dos que as cercam a conformidade a esse ideal. Tal crença está tão difundida que às vezes as pessoas chegam a resistir a mudanças organizacionais bem planejadas que poderiam reduzir a pressão para estarem disponíveis noite e dia. Quando a Best Buy, por exemplo, tentou focar em resultados e evitar longas horas de trabalho, alguns gerentes travaram o processo, agarrados à crença de que era necessária a dedicação abnegada ao trabalho.

A pressão para ser um trabalhador ideal está bem estabelecida, mas o modo como as pessoas lidam com isso – e as respectivas consequências – ainda é pouco explorado. Será benéfico acenar com expectativas de trabalhador ideal na cultura organizacional? Será necessário, num nível individual, corresponder a essas expectativas? As entrevistas que conduzimos com centenas de profissionais numa variedade de áreas – inclusive consultoria, finanças, arquitetura, empreendedorismo, jornalismo e ensino – sugerem que ser um trabalhador ideal não é necessário nem benéfico. Uma maioria de funcionários – homens e mulheres, com ou sem filhos – acha difícil abafar outros aspectos de si mesmos e focar unicamente o trabalho. Eles buscam penosamente um modo de gerenciar outras partes da vida. As soluções às quais chegam lhes permitem superar o estresse, mas muitas vezes sofrem sérias e disfuncionais consequências.

> ## Em resumo
>
> **O contexto**
> A expectativa de que as pessoas estejam totalmente disponíveis e comprometidas com o trabalho nunca foi mais forte – mas mesmo em ambientes de alta intensidade, a maioria dos funcionários não se submete a esse ideal.
>
> **O problema**
> As estratégias que os funcionários usam para lidar com expectativas irrealistas costumam se provar prejudiciais tanto a eles próprios quanto à empresa.
>
> **A solução**
> Já é tempo de redefinir o trabalhador "ideal". As pessoas serão mais engajadas e mais produtivas – e as empresas, mais bem-sucedidas – se os indivíduos não forem pressionados a suprimir suas complicadas e multifacetadas identidades.

Nas páginas seguintes, descrevemos estratégias comumente utilizadas para lidar com a pressão de estar 100% disponível e comprometido com o trabalho, bem como os efeitos dessas estratégias nos próprios indivíduos, nos cargos de supervisores e nas empresas. Finalmente, sugerimos um roteiro para uma cultura organizacional mais saudável – e afinal mais produtiva – que pode ser impulsionada por pequenas mudanças promovidas por gestores individualmente.

As três estratégias

Em nossa pesquisa, descobrimos as três estratégias mais comuns para lidar com a pressão pela total disponibilidade: *aceitar* e adequar-se às exigências de um ambiente de trabalho de alta pressão; *atuar* como trabalhadores ideais, usando recursos disfarçados para driblar as normas; ou *explicitar* outros comprometimentos e recusar-se a abrir mão deles.

Aceitação

Muita gente lida com a pressão de se dedicar por completo ao trabalho simplesmente cedendo e aquiescendo. Numa empresa de consultoria que analisamos, 43% dos entrevistados encaixavam-se nesse grupo. Na busca pelo sucesso, os "conformistas" priorizam sua identidade profissional e sacrificam ou suprimem outros aspectos significativos de quem são. Pessoas de diversas profissões com quem conversamos relataram, com certo pesar, terem abandonado seus sonhos de se engajar em projetos sociais, em correr maratonas ou se envolver profundamente na vida familiar. Um arquiteto relatou: "Eu respiro arquitetura 24 horas por dia. Nesse projeto em que estou trabalhando no momento, meu chefe me manda e-mails a qualquer hora do dia ou da noite – meia-noite, seis da manhã. Nunca consigo me planejar, vivo como que à disposição total dele."

Quando o trabalho é agradável e gratificante, uma estratégia de aceitação pode ser positiva, levando ao sucesso e a um avanço profissional, mas uma identidade profissional que exclua tudo o mais torna as pessoas mais vulneráveis a ameaças a sua carreira, porque, psicologicamente, têm de depositar todos os seus ovos num só cesto. Aquele que se dedica por completo tem mais dificuldade que o normal quando perde o emprego ou sofre um revés, já que outras áreas de sua vida se extinguiram. Colocar o trabalho como toda a sua razão de viver pode ser gratificante quando tudo está indo bem, mas a longo prazo leva a fragilidade.

Além disso, quem adere à cultura do trabalhador ideal acha difícil compreender quem não faz isso. Assim, os que aceitam podem acabar se tornando os principais agentes de pressão, dentro da empresa, por uma disponibilidade total. Tendem a ter dificuldade para gerenciar pessoas que têm vida fora do emprego também. Um consultor sênior descreveu o tipo de funcionário com que prefere trabalhar da seguinte maneira: "Quero alguém que fique acordado de noite pensando: 'Cara, o que vamos fazer na reunião de amanhã? Porque é isso que eu faço.'"

Talvez seja surpreendente a constatação de que os "aceitantes" não são necessariamente bons mentores nem mesmo para aqueles que estão tentando se adaptar às expectativas da organização. Pode ser difícil para colegas juniores obter o tempo e a atenção desses indivíduos, em parte justamente porque eles vivem absorvidos pelo trabalho. Nas palavras de um consultor,

"Eles já não conseguem mais compreender como é incrivelmente estressante chegar e não saber jogar o jogo", por isso costumam deixar que os novatos se virem sozinhos.

Atuação

Uma outra estratégia comum é dedicar tempo a atividades não relacionadas com o trabalho desde que sob o radar da organização. No escritório de consultoria, 27% dos participantes no estudo se enquadraram nesse grupo. Essas pessoas estavam representando papéis, "atuando" – expressão usada originalmente pelo sociólogo Erving Goffman para descrever como as pessoas tentam ocultar características pessoais (tais como deficiências físicas ou raça) que poderiam estigmatizá-las e submetê-las a discriminação. Consultores que tiveram sucesso em se passar por trabalhadores ideais receberam notas por desempenho tão altas quanto as dadas a funcionários que adotaram genuinamente a cultura de dedicação integral – e eram vistos como estando "sempre ligados".

Descobrimos que, embora pessoas de todas as profissões desenvolvam maneiras de "encenar", de "atuar", as estratégias para isso variam. Por exemplo, alguns consultores se concentraram em clientes locais, pois assim não passavam muito tempo em viagem, o que abria espaço para outras atividades. Um deles explicou como conseguia arranjar tempo para manter seu relacionamento e ser atleta amador ao mesmo tempo que passava a impressão de ser um trabalhador ideal: "Viagens são às custas de seu tempo pessoal, sempre. É por isso que trabalho com negócios locais. Todos ficam bem perto e eu vou de carro."

Outro consultor também se limitava a trabalhar com clientes locais e frequentemente se valia de teleconferências para reduzir suas horas de trabalho. Empregava também outro instrumento fundamental: controle da informação sobre seu paradeiro. Relatava (com certa satisfação) que na verdade tinha esquiado todos os dias da semana anterior – sem reivindicar nenhum tempo pessoal. E, mesmo assim, seus superiores o consideravam um astro em ascensão, com um empenho acima da média na empresa.

Para outros "atores", o segredo do sucesso era o oposto: explorar a distância. Um jornalista que entrevistamos contou que conseguia ser indicado correspondente regional de um prestigioso jornal de circulação nacional, o que lhe permitia trabalhar de casa, passar tempo com a família e enviar suas matérias à noite, depois que os filhos iam dormir, tudo isso mantendo a reputação de ser um trabalhador ideal. Ele riu, dizendo: "Ninguém jamais sabia onde eu estava, porque eu estava a centenas de quilômetros da minha base. Eu era o único na minha região."

Embora a estratégia de atuação permita sobreviver em culturas exigentes sem ceder totalmente, essas pessoas pagam um preço emocional por ocultar uma parte de si mesmas. Os seres humanos têm necessidade de se expressar e de se revelar como realmente são. Quando aspectos importantes de nossa identidade não podem ser compartilhados no trabalho, podemos nos sentir inseguros e não autênticos – além de pouco engajados. Esses sentimentos acarretam custos reais também para as empresas: nossa pesquisa indica que, com o tempo, atores têm um índice relativamente alto de rotatividade. Isso sugere que a ocultação de dimensões cruciais de si mesmos pode ser difícil de sustentar a longo prazo.

Representar esse papel também pode dificultar a gestão de outros funcionários. Os atores não querem necessariamente incentivar conformidade com a imagem do trabalhador ideal, mas, por outro lado, aconselhar subordinados a atuar, a encobrir – e se envolverem efetivamente em subterfúgios –, também é problemático. Assim como o é opor resistência às demandas de uma disponibilidade em tempo integral, porque (como veremos) esse grupo provavelmente sofrerá. Para complicar as coisas ainda mais, atores talvez acreditem que a maioria dos seus colegas de trabalho *quer* trabalhar o tempo todo. Um líder sênior que optava pelo encobrimento mas evitava aconselhar seus subordinados a fazerem o mesmo comentou o seguinte: "Quero que meus funcionários fiquem felizes, mas, se a felicidade deles virá ou não de trabalhar muito, não cabe a mim julgar."

Um aspecto sutilmente destrutivo do encobrimento é que, ao não se desafiar abertamente o conceito do trabalhador ideal, os adeptos dessa estratégia estão permitindo a perpetuação dessa cultura. Seu desempenho prova que não é preciso ser workaholic para ter sucesso – mas a empresa continua a projetar e mensurar o trabalho como se fosse.

Explicitação

Nem todo mundo quer – ou pode – representar um papel, e alguns dos que o fazem se sentem frustrados após um tempo. Essas pessoas lidam com isso compartilhando outros aspectos de suas vidas e pedindo mudanças na estrutura do trabalho, tais como carga horária menor e outros recursos formais. Na empresa de consultoria, 30% dos entrevistados seguiram essa estratégia. Existe uma suposição geral de que as pessoas que resistem à pressão para serem trabalhadores ideais são, em sua maioria, mães de família, mas não encontramos grandes diferenças de gênero em nossa pesquisa. Dados da empresa de consultoria demonstram que menos da metade das mulheres e mais de um quarto dos homens eram "explicitantes".

A explicitação permite que seus colegas de trabalho de fato conheçam você, o que não acontece com os atores. No entanto, isso pode causar danos à carreira das pessoas. Na empresa de consultoria, avaliações de desempenho e o histórico de promoções demonstraram que os explicitantes sofriam penalidades substanciais. Por exemplo, um consultor demonstrou não ter vontade de fazer do trabalho sua maior prioridade quando pediu uma licença-paternidade. Com sua esposa no oitavo mês de gravidez, o futuro pai esperava um alívio na cobrança. Em vez disso, enfrentou perguntas sobre sua dedicação: "Um dos sócios me disse: 'Você tem uma escolha a fazer. Vai ser um profissional ou apenas uma pessoa mediana em sua área? Se vai ser um profissional, nada pode ser mais importante para você do que o trabalho. Se quiser ser de primeiro nível, precisa ter dedicação total.'"

Com o tempo, receber sanções por ter falhado em se adaptar pode levar a ressentimentos. Em vez de motivar pessoas a se dedicarem antes de tudo ao trabalho, isso pode fazer com que elas deixem a empresa para buscar um lugar em que se encaixem melhor.

Para os que expõem seus compromissos fora do trabalho e são penalizados por isso, pode ser difícil gerenciar outras pessoas. Assim como os atores, os explicitantes podem resistir à ideia de incentivar seus subordinados a aceitar as pressões para ser um trabalhador ideal, mas, ao mesmo tempo, podem não aconselhar resistência porque conhecem bem os custos dessa postura.

Sobrevivendo a um ambiente de trabalho de alta intensidade

Não há uma estratégia perfeita a adotar para si numa empresa que valoriza a dedicação absoluta, mas é útil conhecer suas próprias tendências, compreender os riscos de cada estratégia e amenizar esses riscos na medida do possível. Para começar, pense **no que você faz quando recebe mensagens e e-mails de trabalho à noite** e leia o quadro na página seguinte.

Deve haver uma maneira melhor

Nossa pesquisa sugere que, se os funcionários se sentissem livres para traçar alguns limites entre a vida profissional e a pessoal, as empresas obteriam maior engajamento, relações mais abertas e mais caminhos para o sucesso. Destacamos três medidas que gestores podem tomar para criar uma definição mais rica do trabalhador "ideal" – sem sacrifício de um alto desempenho. Essas mudanças não têm de ser forçadas por um líder sênior, podem ser implementadas em nível de equipe.

Desenvolva sua própria identidade multifacetada

Pessoas em cargos de liderança podem evitar a fragilidade que resulta de uma aceitação cega das normas de trabalhador ideal cultivando deliberadamente suas próprias identidades não relacionadas a trabalho: um eu cívico, um eu atlético, um eu voltado para a família. Um arquiteto nos disse que, quando se definia apenas em termos de seu trabalho, sentia-se péssimo a cada dificuldade ou revés profissional. Ironicamente, quando ele ampliou o foco, encontrou mais realização profissional. À medida que os gestores ficam mais flexíveis, podem aprender também que funcionários cuja vida é mais equilibrada criam valor para a organização.

Os gestores podem começar a mudar normas organizacionais mostrando pontos positivos que as atividades de funcionários fora do trabalho trazem para o escritório. Um consultor cuja empresa tinha se fundido com outra havia pouco observou que todos os seus novos colegas iam embora até as 17h30. Quando perguntou sobre isso, disseram-lhe:

Reação	Estratégia	Motivação	Riscos a considerar	Ajustes possíveis
ENVOLVIMENTO RÁPIDO Você sempre responde e, quando solicitado, trata de fazer logo o trabalho (ex.: "Mando em cinco minutos!"). Raramente planeja alguma atividade pessoal para a noite.	ACEITAÇÃO	Você se dedica completamente ao trabalho porque é o comportamento desejado e recompensado.	Você pode sofrer esgotamento mental ou ter grandes dificuldades para superar contratempos na carreira. Você pode ter problemas para atuar como mentor e para preparar sucessores.	Separe intervalos de tempo para outros aspectos de sua vida. Não espere que subordinados façam do trabalho sua prioridade maior. Esteja aberto a diferentes estilos de trabalho.
ATENÇÃO SIMULADA Você responde dando a impressão de que vai atender o pedido (ex.: "Estou fazendo. Vai levar algumas horas"). Costuma fazer atividades pessoais à noite, mas não comenta no trabalho.	ATUAÇÃO	Você quer proteger sua carreira sem comprometer outras áreas da sua vida.	Você talvez não construa relacionamentos estreitos no trabalho. Você pode perpetuar o mito do trabalhador ideal.	Faça atividades com os colegas de modo a que o conheçam melhor e que não se sintam compelidos a sacrificar sua vida pessoal. Deixe claro que suas atividades pessoais não prejudicam seu desempenho.
ADIAMENTO A menos que seja algo urgente, você não altera seus planos (ex.: "Estou num show, vejo isso amanhã"). Às vezes nem responde.	EXPLICITAÇÃO	Você quer relações honestas e acredita que a empresa precisa mudar.	Sua carreira pode ser prejudicada. Você pode sacrificar a credibilidade necessária para promover a mudança.	Enfatize o resultado, não o esforço, quando tratar de trabalho. Incentive outros a também serem abertos para tentar mudar as normas.

Não queremos que nossos colaboradores passem cada minuto em que estão acordados no trabalho; queremos que sejam indivíduos diversificados, que sejam curiosos, que vejam como são as coisas no mundo, que tenham todo tipo de experiência capaz de incorporar em seu trabalho.

Pessoas que buscam atividades fora do trabalho – voluntariado, por exemplo – expõem-se a experiências, conhecimento especializado e redes que lhes seriam inacessíveis se passassem aquele tempo enfiadas no escritório.

Evite recompensas com base em horas de dedicação

Funcionários que optam pela estratégia do encobrimento o fazem em parte porque é comum valorizar *quanto* as pessoas trabalham (ou parecem trabalhar), não a qualidade de seu trabalho. Essa tendência é frequentemente reforçada por sutis e não tão sutis crenças e práticas. Por exemplo, um consultor sênior expressou sua convicção de que consultores bem-sucedidos têm de contar com o "fator high-five": passaram tanto tempo na sede do cliente que quando entram no prédio deste os funcionários lhes dão um high-five, aquele gesto em que duas pessoas se cumprimentam tocando as palmas das mãos. Uma empresa com a qual trabalhamos ofereceu um prêmio à pessoa que tinha feito mais voos no ano. Valorizar mais o tempo de trabalho do que a produção em si – o que leva as pessoas a enganar outras quanto ao número de horas trabalhadas – é uma armadilha fácil de se cair, principalmente quando se trata de trabalho intelectual, que é difícil de medir.

Nós propomos que os gestores reduzam os incentivos para a atuação (e o custo da explicitação) estimulando as pessoas a alcançar metas e mensurar os resultados efetivos, não as horas investidas. Por exemplo, em vez de celebrar com um high-five o tempo que se passou com um cliente, gestores deveriam louvar funcionários pela qualidade da orientação dada ou pelo número de retornos de clientes. Outra forma de fazer isso é buscar que os clientes estabeleçam expectativas razoáveis.

Outras mudanças na política podem ser feitas ainda mais facilmente. Uma funcionária que entrevistamos observou que seu chefe atual diferia do anterior porque acreditava que trabalhar até tarde da noite era sinal de ineficiência, e assim não estimulava isso. Outro empregado declarou que seu chefe simplesmente pedia que ele estabelecesse seus próprios prazos – realisticamente. Quando dispõem dessa autonomia, trabalhadores de alto desempenho que, sem isso, seriam atores ou explicitantes, provavelmente cumprirão seus compromissos.

Preserve a vida pessoal dos funcionários

A maioria das empresas deixa que seus funcionários estabeleçam as fronteiras entre trabalho e vida pessoal – em geral, com a melhor das intenções. Quando a Netflix ofereceu intervalos ilimitados, por exemplo, gestores pensaram que estavam tratando as pessoas como "adultos". Mas dar liberdade total pode aumentar os temores dos funcionários de que suas escolhas sinalizem uma falta de comprometimento. Sem uma direção clara, muitos simplesmente tomam como norma as expectativas de um trabalhador ideal, suprimindo a necessidade de uma vida mais equilibrada.

Gestores têm o poder de mudar isso protegendo ativamente o tempo que seus funcionários passam fora do trabalho, assim como a identidade deles. Podem, por exemplo, instituir férias obrigatórias, folgas regulares e horários razoáveis – para todos, não apenas alguns. Adotar o comprometimento firme de evitar volume de trabalho excessivo e número de horas extremo e imprevisível em vez de simplesmente lhes dar a opção de determinar quando querem um intervalo vai ajudá-las a desenvolver outros interesses.

A pressão no sentido de ser um trabalhador ideal está sempre num alto nível – assim como os custos disso, tanto para empregados quanto para empregadores. Além disso, ao observarmos as experiências daqueles que conseguem atuar como trabalhadores ideais, percebemos que a dedicação sobre-humana ao trabalho não é necessariamente uma condição para o sucesso da empresa. Líderes podem começar a desfazer esse mito tão entranhado no tecido organizacional se valorizarem todos os aspectos da identidade dos indivíduos, recompensarem resultados em vez de tempo trabalhado e tomarem medidas para proteger a vida pessoal dos funcionários. Essa mudança aumentará a resiliência, a criatividade e a satisfação profissional das pessoas.

Publicado originalmente em junho de 2016.

# 5

Dominando a ciência da persuasão

Robert B. Cialdini

ALGUNS POUCOS SORTUDOS TÊM O DOM; a maioria de nós, não. Um punhado de talentos natos simplesmente sabe como cativar uma plateia, convencer os indecisos e subverter a oposição. Ver esses mestres da persuasão fazerem sua mágica é, ao mesmo tempo, fascinante e frustrante. O que fascina não é apenas a facilidade com que usam carisma e eloquência para convencer outros a fazer o que estão pedindo, mas também como esses outros ficam ansiosos por atendê-los, como se a persuasão em si fosse um favor que lhes está sendo prestado e que eles mal podem esperar para retribuir.

A parte frustrante é que esses persuasores natos não conseguem explicar seu talento nem ensiná-lo. Sua maneira de se dirigir às pessoas é uma arte, e artistas, via de regra, são melhores em fazer do que em explicar. A maioria deles não é de muita ajuda a nós que não possuímos mais do que o quociente normal de carisma e que ainda nos deparamos com o desafio fundamental da liderança: fazer pessoas fazerem coisas. É um desafio penosamente familiar aos executivos, que diariamente devem descobrir como motivar e dirigir uma força de trabalho altamente individualista. A carta do "Porque eu sou o chefe" está fora do baralho. Mesmo que não fosse aviltante e desmoralizante para todos os envolvidos, não caberia mais num mundo em que equipes multifuncionais, joint ventures e cooperação interempresarial tornaram indistintas as fronteiras de autoridade. Em tal ambiente, as habilidades persuasivas exercem sobre o comportamento dos outros uma influência muito maior do que estruturas formais de poder.

O que nos leva de volta ao nosso ponto de partida. Sim, a capacidade de persuasão é hoje mais necessária do que nunca, mas como adquiri-la se os maiores talentos não conseguem transmiti-la? Acionando a ciência. Pesquisas de comportamento realizadas nas últimas cinco décadas lançaram uma luz considerável sobre como certas interações levam pessoas a fazer concessões, a obedecer ou a mudar. Esses experimentos mostram que o mecanismo da persuasão envolve apelar para um conjunto limitado de impulsos e necessidades humanas profundamente enraizados, e de maneiras previsíveis. Em outras palavras, a persuasão é governada por princípios básicos que podem ser ensinados, aprendidos e aplicados. Dominando esses princípios, executivos podem trazer rigor científico ao negócio de atingir consenso, fazer acordos e obter concessões. Nestas páginas, descreverei seis princípios fundamentais da persuasão e darei algumas sugestões de aplicação em ambientes empresariais.

O princípio da afeição

As pessoas gostam de quem gosta delas.

Aplicação
Aponte semelhanças reais e faça elogios sinceros.

O fenômeno no varejo conhecido como festa Tupperware é uma ilustração vívida desse princípio em ação. A festa de demonstração da Tupperware tem um anfitrião, quase sempre uma mulher, que convida para sua casa um grupo de amigos, vizinhos e parentes. A afeição dos convidados pela anfitriã os predispõe a comprarem dela, dinâmica que foi confirmada num

Em resumo

Se a liderança, em seu sentido mais básico, consiste em fazer pessoas fazerem coisas, então a persuasão é um dos instrumentos essenciais dos líderes. Muitos executivos supõem que esse instrumento esteja além de seu alcance, restrito aos carismáticos e aos eloquentes, porém, há algumas décadas, experimentos de psicologia vêm descobrindo quais métodos levam pessoas a fazer concessões, obedecer ou mudar. Tais pesquisas mostram que a persuasão segue vários princípios que podem ser ensinados e aplicados. O primeiro deles é que as pessoas são mais predispostas a seguir quem é parecido com elas, então a gestão perspicaz recruta pessoas parecidas com as que quer convencer. Segundo, as pessoas são mais predispostas a cooperar com quem, além de se parecer com elas, também gosta delas, por isso vale a pena descobrir semelhanças reais e fazer elogios sinceros. Terceiro, experimentos confirmam a verdade intuitiva de que as pessoas tendem a tratar o outro da maneira que o outro as trata – é boa política prestar um favor antes de pedir um. Quarto, as pessoas são mais propensas a cumprir promessas que fizeram voluntária e explicitamente. Aqui, a mensagem para gestores é que assumam compromissos por escrito. Quinto, estudos demonstram que as pessoas realmente têm deferência por especialistas. Assim, antes de tentar exercer influência, os executivos devem procurar estabelecer sua própria expertise, e não tomá-la como algo autoevidente. Por último, as pessoas desejam mais algo que é escasso; daí se segue que uma informação exclusiva é mais persuasiva do que as amplamente disponíveis. Dominando esses princípios – e usando-os judiciosa e eticamente –, os executivos podem aprender a elusiva arte de capturar a plateia, convencer os indecisos e subverter a oposição.

estudo feito em 1990 sobre decisões de compra em festas de demonstração. Os pesquisadores, Jonathan Frenzen e Harry Davis, publicaram no *Journal of Consumer Research* suas descobertas de que a afeição dos convidados pela anfitriã tinha o dobro do peso em suas decisões de compra do que sua opinião sobre o produto. Assim, os convidados a uma festa Tupperware

Na prática

Os princípios da persuasão

Princípio	Exemplo	Aplicação nos negócios
AFEIÇÃO: As pessoas gostam de quem gosta delas.	Nas festas Tupperware, a afeição dos convidados pela anfitriã tem o dobro de influência sobre as decisões de aquisição do que sua opinião sobre os produtos em si.	**Para influenciar pessoas, faça amigos,** usando estes instrumentos: *Semelhança:* Crie conexões *rápidas* com novos colegas, chefes e subordinados diretos, descobrindo informalmente interesses comuns – com isso você estará estabelecendo boa vontade e confiabilidade. *Enaltecimento:* Elogios encantam e desarmam. Faça observações positivas sobre os outros – isso vai propiciar mais obediência voluntária.
RECIPROCIDADE: As pessoas retribuem na mesma moeda.	Quando a organização americana pelos veteranos de guerra deficientes incluiu um brinde nos envelopes de pedido de donativos, as contribuições duplicaram.	**Dê aquilo que espera receber.** Empreste um membro de sua equipe para um gestor que esteja precisando de ajuda; você terá a ajuda dele mais tarde.
APROVAÇÃO SOCIAL: As pessoas fazem o que seus semelhantes fazem.	Em Nova York, mais moradores tentaram devolver uma carteira perdida após saberem que outros nova-iorquinos tinham feito o mesmo.	**Use o poder do coleguismo** para influenciar horizontalmente, não verticalmente: por exemplo, peça a um "veterano" querido na empresa que o apoie numa nova iniciativa se outros veteranos resistirem a ela.
COMPROMISSO E COERÊNCIA: As pessoas cumprem compromissos escritos, públicos e voluntários.	92% dos moradores de um condomínio que assinaram uma petição apoiando a criação de um novo centro recreativo doaram dinheiro para a causa posteriormente.	**Faça com que o comprometimento de outros seja ativo, público e voluntário.** Se você supervisiona um funcionário que deve apresentar relatórios pontualmente, registre esse entendimento por escrito (um memorando); faça com que seja público (mencione a concordância dos colegas com o memorando); e o associe aos valores do funcionário (o impacto dos relatórios no ânimo da equipe).

Princípio	Exemplo	Aplicação nos negócios
AUTORIDADE: As pessoas têm deferência por especialistas que fornecem atalhos para decisões que exigem informação especializada.	Uma única opinião de especialista do *The New York Times* transmitida na TV causa uma mudança de 4% na opinião pública.	**Não suponha que sua expertise é autoevidente.** Demonstre-a *antes* de fazer um negócio com novos colegas ou sócios; p. ex., em conversas antes de uma reunião importante, descreva como você resolveu um problema semelhante ao que está em primeiro lugar na pauta.
ESCASSEZ: As pessoas dão mais valor ao que é escasso.	Encomendas de compradores de carne no atacado deram um salto de 600% quando eles receberam informação sobre uma possível escassez do produto.	**Use informação exclusiva para persuadir.** Influencie e fixe a atenção de atores essenciais dizendo, por exemplo: "Acabo de obter esta informação hoje. Será divulgada apenas na semana que vem."

não estão comprando somente para satisfazer a si mesmos – estão comprando para satisfazer também a anfitriã.

O que vale nas festas Tupperware vale para os negócios em geral: se você quer influenciar pessoas, faça amigos. Como? Experimentos controlados identificaram vários fatores que seguramente atraem afeição, mas dois deles são especialmente convincentes: similaridade e enaltecimento. A similaridade une as pessoas literalmente. Em um experimento relatado em 1968 no *Journal of Personality*, participantes se mantiveram fisicamente próximos uns dos outros após saber que tinham os mesmos valores sociais e opiniões políticas. E em 1963, num artigo publicado na *American Behavioral Scientists*, o pesquisador F. B. Evans utilizou dados demográficos de uma seguradora para demonstrar que as pessoas procuradas eram mais predispostas a adquirir apólices de vendedores semelhantes a elas em idade, religião, posicionamento político ou mesmo no hábito de fumar cigarros.

Gestores podem se valer de similaridades para criar ligações com um contratado recente, o responsável por um outro departamento ou mesmo um novo chefe. Conversas informais durante o dia de trabalho criam uma oportunidade ideal para descobrir pelo menos uma área de entretenimento comum, seja um hobby, um time de basquete ou reprises de *Seinfeld*. O importante é estabelecer essa ligação logo, porque ela cria uma presunção de boa vontade e confiabilidade em todos os encontros seguintes. É muito mais fácil conquistar apoio a um novo projeto quando as pessoas que você está tentando persuadir já estão inclinadas a seu favor.

O enaltecimento, outro confiável gerador de afeição, encanta e desarma. Às vezes o elogio nem precisa ser merecido. Pesquisadores da Universidade da Carolina do Norte publicaram no *Journal of Experimental Social Psychology* que os homens sentiam a maior consideração por um indivíduo que os lisonjeasse incondicionalmente, mesmo se a lisonja não fosse verdadeira. E Ellen Berscheid e Elaine Hatfield Walster, em seu livro *Interpersonal Attraction* (Addison-Wesley, 1978), apresentaram dados experimentais mostrando que observações positivas sobre as maneiras, a atitude ou o desempenho de outra pessoa geram afeição em resposta, bem como aceitação voluntária dos desejos da pessoa que faz o elogio.

Juntamente com o cultivo de um relacionamento frutífero, gestores habilidosos podem usar o elogio para reparar um relacionamento estremecido ou improdutivo. Imagine que você é o gestor de uma unidade de bom tamanho em sua organização. Seu trabalho o põe em contato frequente com outro gestor – vamos chamá-lo de Dan –, de quem você passou a não gostar. Não importa quanto você faça por ele, nunca é o bastante. Pior, ele parece nunca acreditar que você está fazendo o melhor que pode. Ressentido com sua atitude e sua óbvia falta de confiança em suas aptidões e em sua boa-fé, você não lhe dá o tempo de atenção que deveria dar e, em consequência, a unidade dele e a sua estão perdendo em desempenho.

A pesquisa sobre o elogio aponta para uma estratégia que visa corrigir o relacionamento. Pode ser difícil de achar, mas deve haver algo em Dan que você admira sinceramente – sua preocupação com as pessoas em seu departamento, sua devoção à família ou simplesmente sua ética de trabalho. Em seu próximo encontro com ele, faça um comentário positivo sobre essa característica. Deixe claro que, pelo menos nesse aspecto, você valoriza o mesmo que ele. É certo que Dan vai afrouxar sua implacável negatividade e lhe dará abertura para que você o convença de sua competência e suas boas intenções.

O princípio da reciprocidade

As pessoas retribuem na mesma moeda.

Aplicação
Dê aquilo que você deseja receber.

Seu elogio provavelmente terá um cálido e suave efeito em Dan porque, mesmo sendo ranzinza, ele ainda é humano e sujeito à tendência universal de tratar as pessoas da maneira como é tratado por elas. Se você alguma vez se pegou sorrindo para alguém só porque esse alguém sorriu antes, então entende como esse princípio funciona.

Instituições de caridade se utilizam da reciprocidade para angariar fundos. Durante anos, por exemplo, a organização americana pelos veteranos de guerra deficientes obteve um respeitável índice de 18% de retorno a seus apelos utilizando apenas uma carta bem arquitetada para levantar fundos, mas, quando o grupo começou a incluir um pequeno brinde no envelope, esse índice quase dobrou, indo para 35%. O brinde – etiquetas de endereços personalizadas – era extremamente modesto, mas não era o que os doadores prospectivos recebiam que fazia a diferença. Era o fato de eles terem recebido alguma coisa.

O que funciona nessa carta funciona no escritório também. Obviamente, é mais do que a efusão reinante nas festas de fim de ano que impele fornecedores a despejar presentes nos departamentos de compras das lojas na época de Natal e ano-novo. Em 1996, gerentes de compras admitiram para um entrevistador da revista *Inc.* que, quando aceitavam presentes de um fornecedor, se dispunham a comprar produtos que, não fosse isso, teriam recusado. Presentes têm também o efeito surpreendente de reter pessoas em seus cargos. Eu incentivei leitores de meu livro a me enviarem exemplos dos princípios de influência que atuam em suas vidas. Uma leitora, do estado americano do Oregon, me escreveu apontando as seguintes razões para seu comprometimento com seu supervisor:

> Ele dá a mim e a meu filho presentes de Natal, e me dá presentes de aniversário. Não existe promoção para a função que eu exerço e minha

única opção seria tentar me transferir para outro departamento, mas acabo resistindo a essa ideia. Meu chefe está chegando à idade da aposentadoria e estou pensando em me transferir após ele se aposentar... por enquanto, sinto que tenho a obrigação de permanecer, já que ele é tão gentil comigo.

Na verdade, dar presentes é uma das aplicações mais cruas da regra da reciprocidade. Em seus usos mais sofisticados, confere uma autêntica vantagem de primeiro movimento a qualquer gestor que estiver tentando fomentar atitudes positivas e relações pessoais produtivas no trabalho: gestores podem suscitar um comportamento que esperam de outros gestores e de seus subordinados demonstrando-o primeiro. Seja como um senso de confiança, um espírito de cooperação ou uma atitude agradável, líderes devem agir como modelos do comportamento que querem ver nos outros.

O mesmo vale para gestores que enfrentam questões de fluxo de informações ou de alocação de recursos. Se você emprestar um membro de sua equipe a um outro gestor a quem faltem colaboradores para cumprir um prazo, estará aumentando significativamente suas chances de obter ajuda quando precisar. Suas probabilidades serão ainda maiores se você disser, quando seu colega lhe agradecer pela ajuda, algo como "Fico feliz por poder ajudar. Sei como será importante para mim ter sua ajuda quando precisar".

O princípio da aprovação social

As pessoas fazem o que seus semelhantes fazem.

Aplicação
Use o poder do coleguismo quando estiver disponível.

Criaturas sociais que são, os seres humanos se baseiam pesadamente nas pessoas que as cercam, buscando nelas dicas de como pensar, sentir e agir. Sabemos isso intuitivamente, e essa intuição tem sido confirmada por experimentos, como o que foi descrito pela primeira vez em 1982 no *Journal of Applied Psychology*. Um grupo de pesquisadores foi de porta em porta em Columbia, Carolina do Sul, pedindo donativos para uma campanha de caridade e mostrando uma lista de residentes na vizinhança que já tinham doado para a causa. Quanto maior a lista, mais provável era receber novas doações.

Para as pessoas às quais se pedia o donativo, os nomes de amigos e vizinhos na lista eram uma forma de evidência social de como deveriam agir. Mas a evidência não teria sido nem de longe tão convincente se os nomes fossem de estranhos aleatórios. Num experimento da década de 1960, primeiramente descrito no *Journal of Personality and Social Psychology*, pediu-se a moradores de Nova York que devolvessem ao dono uma carteira que fora perdida. A tentativa de fazer isso era muito mais provável quando eles sabiam que outro nova-iorquino tinha tentado o mesmo, mas saber que alguém de um país estrangeiro tinha tentado devolver a carteira não influenciava sua decisão.

Para executivos, a lição desses dois experimentos é que a persuasão pode ser extremamente eficaz quando vem de pessoas semelhantes. A ciência dá suporte ao que a maioria dos profissionais de vendas já sabe: o testemunho de consumidores satisfeitos funciona melhor quando há circunstâncias em comum entre o cliente satisfeito e o cliente potencial. Essa lição pode ajudar um gestor que está diante da tarefa de vender uma nova iniciativa a sua empresa. Imagine que você está tentando agilizar os métodos de trabalho de seu departamento e um grupo de funcionários veteranos está resistindo. Em vez de tentar convencê-los você mesmo dos méritos da mudança, peça a outro veterano que fale a favor da iniciativa numa reunião da equipe. O testemunho do "companheiro" terá chances muito maiores de convencer o grupo do que mais uma fala do chefe. Em termos simples: a influência é mais bem exercida horizontalmente, e não verticalmente.

O princípio da consistência

As pessoas se alinham com seus compromissos quando eles são claros.

Aplicação
Faça com que os compromissos assumidos sejam ativos, públicos e voluntários.

A estima é uma força poderosa, mas a persuasão envolve mais do que simplesmente fazer com que as pessoas tenham sentimentos favoráveis a você, sua ideia ou seu produto. Elas precisam não apenas gostar de você, mas se sentir comprometidas com o que você quer que elas façam. Prestar bons favores é um modo confiável de fazer as pessoas sentirem que têm obrigações com você. Outro modo é obter delas um compromisso público.

Minha própria pesquisa demonstrou que a maioria das pessoas, uma vez tendo tomado uma posição ou tendo sido identificadas e registradas como sendo a favor de uma posição, prefere se manter aferrada a ela. Outros estudos reforçam essa descoberta e vão além, demonstrando como mesmo um compromisso pequeno, aparentemente trivial, pode ter um efeito poderoso em ações futuras. Em uma pesquisa israelense publicada em 1983 no *Personality and Social Psychology Bulletin*, foi pedido aos moradores de um grande condomínio que assinassem uma petição a favor da criação de um centro recreativo para portadores de deficiência. A causa era boa e o que se pedia era pouco, assim, quase todos concordaram em assinar. Duas semanas depois, no Dia Nacional de Campanha para os Deficientes, todos eles foram procurados e solicitados a fazer uma doação. Pouco mais da metade daqueles a quem não se pedira que assinassem a petição fez uma contribuição, mas espantosos 92% dos que tinham assinado doaram dinheiro. Eles se sentiram obrigados a manter seu compromisso porque era um compromisso ativo, público e voluntário. Vale a pena considerar separadamente essas três características.

Há fortes evidências empíricas de que uma escolha feita ativamente – que foi pronunciada em voz alta ou escrita, ou explicitada de outra maneira – tem probabilidade maior de direcionar o futuro comportamento de alguém do que a mesma escolha feita em silêncio. Num experimento descrito em 1996 no *Personality and Social Psychology Bulletin*, conduzido por Delia Cioffi e Randy Garner, foi pedido a um grupo de estudantes universitários que preenchessem um formulário impresso dispondo-se a atuar como voluntários num projeto de educação sobre a aids em escolas públicas. Estudantes de outro grupo se voluntariaram para o mesmo projeto, mas deixando de assinar um formulário de participação. Alguns dias depois, quando os voluntários se apresentaram para cumprir o dever, 74% dos que se apresentaram eram do grupo que assinalou seu compromisso preenchendo o formulário.

As implicações são claras para um gestor que queira persuadir um subordinado a seguir determinado curso de ação: registre isso por escrito. Suponhamos que você queira que seu funcionário apresente relatórios com maior pontualidade. Quando acreditar que chegaram a um acordo quanto a isso, peça-lhe que lhe envie um memorando com a decisão. Ao fazer isso, você aumentou enormemente as probabilidades de que ele cumpra o compromisso, porque, como regra, as pessoas fazem o que escreveram que fariam.

Pesquisas sobre as dimensões sociais do comprometimento sugerem que as declarações escritas são ainda mais poderosas quando feitas publicamente. Num experimento clássico, descrito em 1955 no *Journal of Abnormal and Social Psychology*, pediu-se a estudantes que estimassem o comprimento de linhas projetadas numa tela. A alguns deles, pediu-se que escrevessem suas respostas numa folha de papel, assinassem e entregassem ao pesquisador; a outros, que escrevessem numa lousa e logo depois a apagassem; e a outros, que guardassem suas estimativas para si mesmos.

Em seguida, os pesquisadores apresentaram aos três grupos evidências de que suas avaliações iniciais poderiam estar erradas. Os que as tinham respondido apenas mentalmente foram os que mais reconsideraram suas estimativas originais. Um pouco mais leais a suas primeiras avaliações foram os estudantes que as registraram por escrito e logo apagaram. Mas, por uma larga margem de diferença, os mais relutantes em reconsiderar suas escolhas originais foram os que as entregaram assinadas.

Esse experimento destaca como a maioria das pessoas quer se mostrar consistente a outras. Considere novamente o caso do funcionário que apresentava relatórios com atraso. Reconhecendo o poder desse desejo humano, você deveria, depois de convencê-lo da necessidade de ser mais pontual, reforçar esse compromisso assegurando que ele ganhe alcance público. Uma maneira de fazer isso seria enviar ao funcionário um e-mail dizendo, por exemplo: "Penso que seu plano é exatamente do que precisamos. Eu o mostrei a Diane, da produção, e a Phil, da expedição, e eles também acharam bastante acertado." Seja qual for a maneira de formalizar esses compromissos, o importante é que eles nunca sejam como as resoluções de ano-novo, que as pessoas decidem consigo mesmas e de que ninguém toma conhecimento; devem ser feitos publicamente e abertamente expostos.

Mais de 300 anos atrás, Samuel Butler escreveu uma copla que explica sucintamente por que os compromissos precisam ser voluntários para serem duradouros e definitivos: "Quem concorda sem convicção/ ainda mantém sua própria opinião" (*He that complies against his will/ Is of his own opinion still*). Se um empreendimento é forçado, coagido ou imposto, não é um compromisso; é um fardo. Pense como você reagiria se seu chefe o pressionasse a doar dinheiro para a campanha de um candidato político. Isso faria você tender mais a optar por esse candidato na privacidade da cabine de votação? Não é provável. Na verdade, em seu livro de 1981, *Psychological Reactance* (Academic Press), Sharon S. Brehm e Jack W. Brehm apresentam dados que sugerem que seu voto seria o oposto, só para expressar seu ressentimento pela coerção do chefe.

Esse tipo de reação contrária pode ocorrer também no trabalho. Voltemos mais uma vez ao funcionário retardatário. Se você quiser provocar uma mudança duradoura em seu comportamento, deve evitar o uso de ameaças ou pressões táticas. Ele provavelmente veria toda mudança em seu comportamento como resultado de intimidação, e não de um comprometimento com a mudança. Uma estratégia melhor seria identificar algo que o funcionário valorize de verdade no lugar de trabalho – um acabamento de alta qualidade, talvez, ou o espírito de equipe – e depois descrever como relatórios pontuais seriam consistentes com esses valores. Isso daria ao funcionário razões que seriam dele mesmo para uma melhora. E, por serem dele mesmo, continuariam a guiar seu comportamento mesmo quando você não estiver observando.

O princípio da autoridade

As pessoas têm deferência por especialistas.

Aplicação
Exiba sua expertise; não pense que ela é autoevidente.

Dois mil anos atrás, o poeta romano Virgílio ofereceu este conselho simples a quem buscava fazer uma escolha correta: "Acredite num especialista." Pode ser ou não um bom conselho, mas, como descrição do

Finalmente a salvo

Graças a várias décadas de rigorosa pesquisa empírica conduzida por cientistas comportamentais, nossa compreensão do como e do porquê da persuasão nunca foi tão ampla, profunda e detalhada. Mas eles não são os primeiros a se debruçar sobre o assunto. A história dos estudos da persuasão é antiga e honrosa, e gerou uma longa lista de heróis e mártires.

Um renomado estudioso da influência social, William McGuire, afirma em um capítulo de seu livro *Handbook of Social Psychology* (Oxford University Press, 1985) que, ao longo dos mais de quatro milênios de história ocidental registrada, houve quatro séculos distintos em que o estudo da persuasão floresceu como uma arte. O primeiro foi o Século de Péricles, na antiga Atenas; o segundo ocorreu nos anos da República Romana; o seguinte, no tempo da Europa renascentista; e o último estendeu-se pelos 100 anos que acabaram de findar, que testemunharam o advento da publicidade e da informação em larga escala e dos meios de comunicação de massa. Cada um dos três séculos anteriores de estudo da persuasão sistemática foi marcado por um florescimento de conquistas humanas que foi subitamente estancado quando autoridades políticas mandaram matar os mestres da persuasão. O filósofo Sócrates é, provavelmente, o melhor exemplo conhecido de especialista em persuasão a entrar em conflito com as autoridades.

O conhecimento do processo de persuasão é uma ameaça porque cria uma base de poder totalmente separada daquela controlada por autoridades políticas. Ante uma fonte rival de influência, governantes de séculos passados tiveram poucos escrúpulos quanto a eliminar os raros indivíduos realmente capazes de compreender como dominar forças que chefes de Estado nunca tinham sido capazes de monopolizar, como uma linguagem articulada habilmente, informação colocada estrategicamente e, o mais importante, insight psicológico.

Seria, talvez, demasiada fé na natureza humana alegar que os especialistas em persuasão não mais enfrentam ameaça por parte dos que detêm o poder político, mas, como a verdade sobre a persuasão não é mais propriedade exclusiva de uns poucos indivíduos brilhantes e inspirados, os especialistas no campo podem, supomos, respirar um pouco mais aliviados. Na verdade, como a maior parte das figuras no poder estão interessadas em se manter no poder, provavelmente terão mais interesse em adquirir do que em abolir as habilidades de persuasão.

que as pessoas efetivamente fazem, não há como contestar. Por exemplo, quando a mídia noticiosa apresenta a opinião de um notável especialista no assunto, o efeito na opinião pública é dramático. Uma única opinião de especialista publicada no *The New York Times* está associada a 2% de mudança na opinião pública em âmbito nacional, segundo um estudo de 1993 descrito no *Public Opinion Quarterly*. E, em 1987, pesquisadores apresentaram na *American Political Science Review* sua constatação de que, quando a opinião de um especialista era transmitida pela televisão para todo o país, a opinião pública mudava 4%. Céticos poderiam alegar que essas descobertas apenas ilustram a dócil submissão do público, porém uma explicação mais justa seria que, na fervilhante complexidade da vida contemporânea, um especialista bem escolhido oferece um valioso e eficiente atalho para boas decisões. Algumas questões – sejam jurídicas, financeiras, médicas ou tecnológicas – de fato requerem tanto conhecimento especializado que não temos escolha senão confiarmos em especialistas.

Uma vez que há bons motivos para tal comportamento, os executivos deveriam se esforçar por ter seus próprios especialistas antes de tentar exercer influência eles mesmos. Com uma frequência surpreendente, as pessoas supõem erroneamente que os outros reconhecem e valorizam sua experiência. Foi o que aconteceu num hospital onde alguns colegas e eu dávamos consultoria. Os encarregados da fisioterapia estavam frustrados porque muitos de seus pacientes de AVC abandonavam os exercícios rotineiros assim que deixavam o hospital. Não importava quantas vezes eles enfatizassem a importância de exercícios regulares em casa – o que, de fato, é crucial no processo de readquirir funções independentes –, a mensagem não penetrava na mente deles.

Entrevistas com alguns pacientes ajudaram a localizar o problema. Eles estavam familiarizados com o atendimento e o treinamento de seus médicos, mas pouco sabiam quanto às credenciais dos fisioterapeutas que os instavam a fazer exercícios. Seria coisa simples corrigir essa falta de informação: apenas pedimos ao diretor do departamento que exibisse todas as premiações, os diplomas e certificados da equipe nas paredes das salas de terapia. O resultado foi espantoso: a obediência à recomendação de exercícios deu um salto de 34% e nunca baixou desde então.

O mais gratificante para nós foi não só termos aumentado essa obediência, mas como o fizemos. Não enganamos nem intimidamos nenhum dos pacientes. Nós os *informamos*. Nada teve de ser inventado; nem tempo nem recursos foram despendidos no processo. A competência da equipe era real – bastou torná-la mais visível.

O caminho para gestores que queiram demonstrar sua expertise é um tanto mais difícil. Eles não podem simplesmente pendurar seus diplomas na parede e esperar que todos vejam. É preciso um pouco de sutileza. Fora dos Estados Unidos, é comum as pessoas passarem algum tempo interagindo socialmente antes de entrar em assuntos de negócios pela primeira vez, geralmente em um jantar na véspera da reunião. Esses encontros podem facilitar os debates e negociações e ajudar a amenizar as divergências – lembre-se do princípio do gostar e da ferramenta de similaridade –, além de serem uma oportunidade de estabelecer expertise. Talvez fosse o caso de contar uma anedota sobre certa vez em que você solucionou um problema semelhante ao que está na pauta da reunião. Ou talvez seja o momento de contar sobre os anos despendidos para dominar determinada disciplina complexa – não de forma prepotente, mas como uma troca de impressões normal numa conversa.

Tudo bem que nem sempre há tempo para longas sessões introdutórias às reuniões de negócios, mas até no decurso da conversa preliminar que é tão comum existe a oportunidade de tocar de leve na sua formação e experiência, como parte natural de uma interação social. Com essa informação pessoal, você estabelece sua competência logo no aquecimento para o jogo, de modo que, quando chegarem ao negócio em questão, o que você disser receberá o devido respeito.

O princípio da escassez

Quanto menor a disponibilidade de um produto, mais atraente ele é.

Aplicação
Ressalte vantagens únicas e informação exclusiva.

Estudos após estudos demonstram que itens e oportunidades são considerados mais valiosos quando menos disponíveis. Essa é uma informação tremendamente útil para gestores. Eles podem usar o princípio da escassez com os equivalentes organizacionais de "por tempo limitado", "estoque limitado" e "ofertas exclusivas". Informando honestamente um colega de trabalho do fechamento iminente de uma janela de oportunidade – digamos, a chance de resolver algo com o chefe antes de ele sair de férias –, pode-se incentivar bastante uma ação.

Gestores podem aprender com varejistas como formatar suas ofertas não em termos do que as pessoas podem ganhar, mas em termos do que podem perder se não aproveitarem aquela informação para agir. O poder da "linguagem da perda" foi demonstrado em 1988 em um estudo com proprietários de imóveis na Califórnia, publicado no *Journal of Applied Psychology*. Metade dos pesquisados foi informada de que, se eles colocassem isolamento térmico em sua casa, economizariam certa quantia todo dia. A outra metade foi informada de que, se não colocassem isolamento térmico, eles perderiam aquela mesma quantia todo dia. Um número significativamente maior de pessoas fez o isolamento quando lhes falaram com a linguagem da perda. O mesmo fenômeno ocorre nos negócios. Segundo um estudo publicado em 1944 na revista *Organizational Behavior and Human Decision Processes*, perdas potenciais pesam muito mais do que ganhos potenciais nas tomadas de decisão gerenciais.

Ao formatar suas ofertas, os executivos precisam se lembrar também de que informação exclusiva é mais persuasiva do que dados amplamente disponíveis. Um aluno meu de doutorado, Amram Knishinsky, analisou em sua tese, em 1982, as decisões de aquisição dos compradores de carne no atacado. Knishinsky observou que eles mais do que dobravam as encomendas quando lhes diziam que, devido a certas condições climáticas no exterior, havia a possibilidade de escassez de carne estrangeira no futuro próximo. Mas as encomendas aumentaram 600% quando foram informados de que ninguém mais tinha recebido aquela informação.

A força persuasiva da exclusividade pode ser manejada por qualquer gestor que tiver acesso a informação não amplamente disponível e que dá força a uma ideia ou iniciativa para sua organização. A próxima vez que uma informação desse tipo chegar a sua mesa, mobilize os elementos-chave de sua organização. A informação em si pode parecer desinteressante, mas a exclusividade lhe dará um brilho especial. Empurre-a na mesa em direção a seu interlocutor e diga: "Acabo de receber esta informação. Só vou divulgá-la na semana que vem, mas quero que, antes, você dê uma espiada no que significa." Observe como ele se inclina para a frente.

Permita-me ressaltar aqui um ponto que deveria ser óbvio. Nenhum oferecimento de informação exclusiva, nenhuma exortação como "Faça agora mesmo ou perca essa oportunidade para sempre" devem ser feitos se não forem autênticos. Enganar colegas para que aquiesçam não é apenas eticamente contestável, é também incauto. Se a enganação for detectada – e ela certamente será –, isso acabará com todo o entusiasmo que a oportunidade despertou inicialmente. E lançará a pecha de desonesto no enganador. Lembre-se da regra da reciprocidade.

Juntando tudo isso

Não existe nada de complexo ou obscuro nesses seis princípios da persuasão. Na verdade, eles codificam claramente nossa compreensão intuitiva de como as pessoas avaliam informações e tomam decisões, por isso são fáceis de serem compreendidos, mesmo por quem não tem formação em psicologia. No entanto, em seminários e workshops que ministro, aprendi que dois pontos precisam ser enfatizados.

Primeiro, embora os seis princípios e suas aplicações possam ser debatidos separadamente em nome da clareza, devem ser combinados para garantir seu impacto. Por exemplo, ao comentar a importância da expertise, sugeri que gestores usem conversas informais, sociais para estabelecer suas credenciais, mas essas conversas oferecem a oportunidade de obter, tanto quanto de transmitir, informação. Enquanto está demonstrando no jantar que tem as aptidões e a experiência que os problemas de seu negócio exigem, você também pode aprender sobre o contexto de seu colega, do que ele gosta e desgosta – informação que o ajudará a localizar semelhanças autênticas e a fazer elogios sinceros. Ao deixar sua competência vir à superfície e também estabelecer uma afinidade, você estará duplicando seu poder de persuasão. E, ao conseguir persuadir seu convidado no jantar, você vai encorajar outras pessoas a fazer o mesmo, graças à força persuasiva da aprovação social.

O outro ponto que quero enfatizar é que as regras da ética se aplicam à ciência da influência social assim como se aplicam a qualquer outra tecnologia. Não só é eticamente errado elaborar truques e armadilhas para conseguir o assentimento de outrem como é desaconselhável em termos práticos. Táticas desonestas ou de alta pressão só funcionam a curto prazo – se funcionarem. Seus efeitos a longo prazo são malignos, especialmente dentro de uma organização, que não pode funcionar adequadamente sem um nível fundamental de confiança e cooperação.

Esse ponto é claramente visível no relato que se segue, que uma chefe de departamento de uma grande indústria têxtil apresentou num workshop de treinamento ministrado por mim. Ela descreve um diretor de sua empresa que distorcia compromissos públicos de chefes de departamento de modo altamente manipulador. Em vez de dar a seus subordinados tempo para comentar e pensar com cuidado em suas propostas, ele os abordava individualmente no momento mais sobrecarregado de seu dia de trabalho e descrevia as vantagens de seu plano com detalhes exaustivos, de fazer perder a paciência. Então fazia a jogada final e matadora: "É muito importante para mim saber que você está comigo nessa. Posso contar com seu apoio?" Intimidado, exausto, ansioso por expulsar o homem de seu escritório para poder voltar ao trabalho, o chefe de departamento anuía ao pedido. Mas, como esse comprometimento nunca era sentido como voluntário, os chefes de departamento nunca o cumpriam, e, como resultado, as iniciativas do diretor eram todas descartadas ou fracassavam.

Essa história teve um impacto profundo nos outros participantes do workshop. Alguns engoliram em seco, chocados por reconhecer o próprio comportamento. Mas o que deixou todos lívidos foi a expressão no rosto da chefe de departamento enquanto contava o danoso colapso das propostas de seu superior: ela estava sorrindo.

Nada que eu pudesse dizer seria mais eficaz em ressaltar que o uso enganoso ou coercitivo dos princípios da influência social é eticamente errado e pragmaticamente equivocado. Mas os mesmos princípios, se bem aplicados, podem direcionar corretamente as decisões. Uma expertise legítima, obrigações autênticas, semelhanças genuínas, uma aprovação social real, notícias de fato exclusivas e compromissos assumidos livremente são capazes de produzir escolhas que provavelmente beneficiarão as duas partes. E toda abordagem que funcione para o benefício mútuo de todos é um bom negócio, não acha? Não quero, é claro, pressionar você a aceitar esse fato, mas, se concordar, eu adoraria que me enviasse uma mensagem confirmando isso.

Publicado originalmente em setembro de 2001.

6

O que define um líder?

Daniel Goleman

TODO PROFISSIONAL DO MUNDO CORPORATIVO conhece um caso de um funcionário extremamente qualificado e inteligente que foi alçado a uma posição de liderança e acabou fracassando. Também conhece histórias de pessoas com sólidas (porém não extraordinárias) capacidades intelectuais e habilidades técnicas que foram promovidas a uma posição de liderança e construíram uma carreira brilhante.

Esses exemplos corroboram a conhecida crença de que identificar líderes em potencial é mais uma arte do que uma ciência. Afinal, o estilo pessoal de líderes de excelência varia muito: alguns são contidos e analíticos, enquanto outros proclamam suas ideias aos quatro ventos. Porém o mais importante é que situações diferentes exigem tipos diferentes de liderança. Para realizar fusões, muitas vezes é preciso que um negociador sensível esteja no comando, ao passo que uma empresa passando por muitas mudanças radicais precisa de uma autoridade mais enérgica.

Em minha experiência, porém, notei que os líderes mais eficazes geralmente têm um ponto crucial em comum: todos mostram elevado grau do que se tornou conhecido como *inteligência emocional*. Não é que o QI e a competência técnica não sejam relevantes; eles são, mas como "qualidades iniciais", ou seja, pré-requisitos no início da carreira do executivo. Minha pesquisa, juntamente com outros estudos, prova que a inteligência emocional, por sua vez, é uma condição *sine qua non* de liderança. Sem ela, a pessoa pode ter a melhor formação do mundo, uma mente analítica e incisiva e um arcabouço infinito de ideias brilhantes, mas ainda assim não se tornará um grande líder.

Ao longo do ano passado, meus colegas e eu estudamos o peso que a inteligência emocional pode ter no trabalho. Examinamos as relações entre inteligência emocional e desempenho, sobretudo de líderes, e observamos como a inteligência emocional é mostrada no dia a dia. Como você pode afirmar, por exemplo, que alguém tem inteligência emocional? Como reconhecê-la em si mesmo? Nas próximas páginas, exploraremos essas questões abordando isoladamente cada componente da inteligência emocional: autoconhecimento, autocontrole, motivação, empatia e destreza social.

Avaliando a inteligência emocional

Atualmente, muitas grandes empresas contratam psicólogos capazes de desenvolver o que é conhecido como modelos de gestão por competências para ajudá-las a identificar, treinar e promover líderes em potencial. Nos últimos anos, analisei modelos de competência de 188 empresas, a maioria grandes multinacionais como a Lucent Technologies, a British Airways e o Credit Suisse.

Meu objetivo foi determinar quais competências individuais são responsáveis pelo excelente desempenho do profissional dentro dessas organizações, e em que medida. Agrupei as capacidades em três categorias: habilidades estritamente técnicas (como contabilidade e planejamento de negócios), habilidades cognitivas (como raciocínio analítico) e competências que revelam inteligência emocional (como capacidade de trabalhar em equipe e eficácia em liderar mudanças).

Para criar alguns modelos de gestão por competências, psicólogos pediram aos altos executivos que identificassem as capacidades típicas dos líderes mais proeminentes da organização. Para criar outros modelos, usaram

> ## Em resumo
>
> O que distingue o grande líder de um líder apenas bom? Segundo Daniel Goleman, não é seu QI nem são suas habilidades técnicas, mas sua **inteligência emocional**: o conjunto de cinco habilidades que permite aos melhores líderes maximizar o próprio desempenho e o de seus subordinados. Ele observou que, quando os altos executivos de uma empresa contavam com as habilidades da inteligência emocional (IE) corretas, sua unidade superava a meta de receita anual em 20%.
>
> As habilidades da IE são:
>
> - *Autoconhecimento* – conhecer seus pontos fortes e fracos, suas motivações e valores e o impacto que esses fatores causam nos outros.
> - *Autocontrole* – controlar ou redirecionar impulsos e estados de ânimo problemáticos.
> - *Motivação* – ter prazer na conquista profissional em si, sem segundas intenções.
> - *Empatia* – entender a estrutura emocional de outras pessoas.
> - *Destreza social* – construir relações com as pessoas para conduzi-las na direção desejada.
>
> Cada um de nós nasce com certos níveis de habilidades de inteligência emocional, mas podemos fortalecê-las com persistência, treinamento e o feedback de colegas e coaches.

critérios objetivos – como lucratividade da divisão – a fim de diferenciar os líderes mais notáveis dos medianos. Os que se encaixavam no primeiro grupo foram, então, exaustivamente entrevistados e testados e tiveram as capacidades comparadas. Desse processo nasceram listas de atributos de líderes altamente eficientes, que continham de 7 a 15 itens, como iniciativa e visão estratégica.

Quando analisei os dados, cheguei a resultados surpreendentes. Não havia dúvida de que o intelecto era o motor do desempenho de alto nível. Habilidades cognitivas, como percepção do quadro geral e visão de longo

Na prática

Entendendo os componentes da inteligência emocional

Componente da inteligência emocional	Definição	Características	Exemplos
Autoconhecimento	Conhecer seus sentimentos, seus pontos fortes e fracos, suas motivações e seus objetivos – e o impacto que tudo isso provoca nos outros.	• Autoconfiança • Capacidade de fazer uma autoavaliação realista • Senso de humor autodepreciativo • Sede de crítica construtiva	Um gestor sabe que não lida bem com prazos apertados, por isso administra o tempo para concluir as tarefas com antecedência.
Autocontrole	Controlar ou redirecionar impulsos e estados de espírito nocivos.	• Confiabilidade • Integridade • Tranquilidade diante da ambiguidade e das mudanças	Quando uma equipe faz uma apresentação desastrosa, seu líder resiste à vontade de esbravejar. Em vez disso, reflete sobre as possíveis razões do mau desempenho, explica para a equipe as consequências do fracasso e explora soluções em conjunto.
Motivação	Ser motivado por conquistas.	• Paixão pelo trabalho e por novos desafios • Disposição incansável para melhorar • Otimismo diante do fracasso	Um gestor de portfólio de uma grande empresa de investimentos vê seus fundos despencarem durante três trimestres seguidos. Grandes clientes abandonam o barco. Em vez de culpar circunstâncias externas, ele decide aprender com a experiência e planeja uma reviravolta.

(continua)

(*continuação*)

Componente da inteligência emocional	Definição	Características	Exemplos
Empatia	Levar em conta os sentimentos dos outros, sobretudo ao tomar decisões.	• Expertise em atrair e reter talentos • Capacidade de desenvolver profissionais • Sensibilidade para diferenças culturais	Uma consultora americana e sua equipe lançaram um projeto para um cliente em potencial no Japão. A equipe interpreta o silêncio do cliente como desaprovação e prepara-se para sair da sala. A consultora faz uma leitura da linguagem corporal do cliente e percebe o interesse. Continua a reunião e sua equipe consegue o contrato.
Destreza social	Administrar relacionamentos para conduzir as pessoas na direção desejada.	• Eficácia em conduzir mudanças • Poder de persuasão • Extensa rede de contatos • Expertise em formar e liderar equipes	Um gestor deseja que sua empresa adote uma estratégia mais eficaz para a internet. Encontra pessoas que pensam como ele e forma uma equipe para criar o protótipo de um site. Convence seus aliados em outras unidades a financiar a participação da empresa numa convenção importante. Como resultado, a empresa cria uma divisão de internet e o coloca no comando.

Fortalecendo a inteligência emocional

Use a experiência e o feedback dos outros para fortalecer habilidades específicas de inteligência emocional.

Exemplo: Por meio do feedback de outros profissionais, uma executiva descobriu que lhe faltava empatia, sobretudo a capacidade de ouvir. Para resolver o problema, pediu a um coach que a avisasse quando demonstrasse incapacidade de ouvir. Em seguida, encenou incidentes para treinar formas de dar respostas mais eficientes – por exemplo, não interrompendo a pessoa que está falando. Além disso, começou a observar executivos considerados excelentes ouvintes e passou a imitar os comportamentos deles.

prazo, se mostraram fundamentais. Mas quando calculei em que proporção as habilidades técnicas, o QI e a inteligência emocional respondiam pelo alto desempenho, a inteligência emocional provou ser duas vezes mais importante que os outros quesitos em todos os níveis hierárquicos.

Minha análise também mostrou que a inteligência emocional desempenha um papel preponderante nos cargos de nível mais alto, em que a importância das habilidades técnicas é mínima. Em outras palavras, quanto mais elevada a posição do profissional no ranking de desempenho, mais evidentes eram seus atributos de inteligência emocional que explicavam essa eficiência. Quando comparei profissionais brilhantes com medianos em cargos de alta liderança, praticamente 90% da diferença nos perfis foram atribuídos a fatores da inteligência emocional, não a habilidades técnicas.

Outros pesquisadores confirmaram que a inteligência emocional não só distingue líderes notáveis como pode ser associada a um bom desempenho.

Cinco componentes da inteligência emocional no trabalho

	Definição	Características
Autoconhecimento	• Capacidade de reconhecer e entender seu estado de espírito, suas emoções e iniciativas – e os efeitos nos outros	• Autoconfiança • Autoconhecimento realista • Senso de humor autodepreciativo
Autocontrole	• Capacidade de controlar ou redirecionar impulsos nocivos e seu estado de espírito • Propensão a evitar julgamentos precipitados, pensando antes de agir	• Confiabilidade e integridade • Tranquilidade diante da ambiguidade • Abertura para mudanças
Motivação	• Paixão pelo trabalho motivada por algo que transcende salário e status • Disposição para perseguir metas com energia e empenho	• Ímpeto para a realização • Otimismo diante do fracasso • Comprometimento organizacional
Empatia	• Capacidade de entender a estrutura emocional das outras pessoas • Habilidade de tratar os outros de acordo com suas reações emocionais	• Expertise em formar e reter talentos • Sensibilidade para diferenças culturais • Dedicação aos clientes
Destreza social	• Habilidade de administrar relações e construir redes de relacionamento • Capacidade de encontrar um denominador comum e estabelecer uma relação de confiança	• Eficácia em liderar mudanças • Poder de persuasão • Expertise em formar e liderar equipes

As descobertas do falecido David McClelland, renomado analista do comportamento humano e organizacional, são um bom exemplo. Num estudo realizado em 1996 com uma empresa global do setor de alimentos e bebidas, McClelland descobriu que, quando altos executivos apresentavam uma massa crítica de capacitação em inteligência emocional, suas unidades batiam a meta de ganhos anuais em 20%. O curioso é que as descobertas de McClelland valiam para unidades da empresa localizadas nos Estados Unidos, na Ásia e na Europa.

Resumindo, os números estão começando a contar uma história persuasiva que prova a relação entre o sucesso de uma companhia e a inteligência emocional de seus líderes. Outro resultado até mais importante é que, ao adotar a abordagem correta, as pessoas são capazes de desenvolver a inteligência emocional. (Veja o quadro É possível aprender a ter inteligência emocional?, nas páginas 96-97.)

Autoconhecimento

O autoconhecimento é o primeiro componente da inteligência emocional – o que faz sentido, se considerarmos que milênios atrás o oráculo de Delfos já sugeria: "Conhece-te a ti mesmo." Ter autoconhecimento significa demonstrar uma profunda compreensão de suas emoções, seus pontos fortes e fracos, suas necessidades e motivações. Pessoas com elevado nível de autoconhecimento não são nem críticas nem otimistas em excesso, mas honestas consigo mesmas e com os outros.

Pessoas com grau elevado de autoconhecimento sabem como seus sentimentos afetam a si mesmas, os outros e seu desempenho profissional. Sabem que, quando prazos apertados pioram sua performance, precisam organizar seu tempo cuidadosamente e concluir as tarefas bem antes do fim do prazo. Pessoas com grau elevado de autoconhecimento são capazes de trabalhar com clientes exigentes. Entendem o impacto do cliente em seu humor e as razões de sua frustração. Talvez expliquem: "As demandas do dia a dia nos impedem de realizar o trabalho que precisa ser feito." E são capazes de canalizar a raiva para transformá-la em algo construtivo.

Autoconhecimento implica conhecer seus valores e metas. Quem tem grau elevado de autoconhecimento sabe aonde vai e por quê. Por isso, é firme ao recusar uma oferta de trabalho financeiramente tentadora mas que não está de acordo com seus princípios ou suas metas de longo prazo. Uma pessoa com baixo grau de autoconhecimento, por outro lado, pode tomar decisões que provocam um caos emocional. É comum ouvir pessoas assim dizerem: "O salário parecia bom, por isso aceitei a oferta de trabalho. Mas agora, dois anos depois, o trabalho significa tão pouco para mim que vivo entediado." As decisões de profissionais com grau elevado de autoconhecimento se entrelaçam com seus valores. Logo, para eles o trabalho é sempre estimulante.

Como identificar o autoconhecimento? Para começar, ele se apresenta como franqueza e capacidade de fazer autoavaliações realistas. Pessoas com elevado grau de autoconhecimento são capazes de expressar de maneira clara e aberta – embora não necessariamente em tom efusivo ou confessional – suas emoções e o impacto delas no desempenho profissional. Uma gestora que conheço, por exemplo, estava cética quanto a um novo cargo – *personal shopper* – que sua empresa, uma grande cadeia de lojas de departamentos, estava prestes a criar. Sem que sua opinião fosse solicitada pela equipe ou por seu chefe, ela comentou: "Para mim, é difícil estar por trás da proposta desse novo cargo porque eu realmente queria estar à frente do projeto, mas não fui selecionada. Sejam pacientes comigo enquanto lido com isso." A executiva de fato refletiu sobre seus sentimentos e uma semana depois já estava apoiando incondicionalmente o projeto.

O autoconhecimento em geral é avaliado no processo de contratação. Peça ao candidato que descreva uma ocasião em que se deixou levar pelos sentimentos ou fez algo de que se arrependeu. Candidatos com autoconhecimento serão francos ao admitir o erro e contarão a história com um sorriso no rosto. Uma das características do autoconhecimento é ter senso de humor autodepreciativo.

O autoconhecimento também pode ser identificado durante avaliações de desempenho. Profissionais com autoconhecimento elevado têm consciência de seus pontos fortes e suas limitações (e não se constrangem com isso) e valorizam críticas construtivas. Já as pessoas com baixo autoconhecimento interpretam a mensagem de que precisam melhorar como ameaça ou sinal de fracasso.

Outra característica de pessoas com elevado grau de autoconhecimento é a autoconfiança. Elas têm forte domínio de suas capacidades e são menos

É possível aprender a ter inteligência emocional?

Durante muitos anos, especialistas discutiram se líderes nascem líderes ou são treinados para isso. O mesmo ocorre com a inteligência emocional. As pessoas nascem com certos níveis de empatia ou ela se desenvolve a partir das experiências de vida? A resposta é: as duas coisas. Pesquisas científicas sugerem que há um componente genético na inteligência emocional. Estudos desenvolvimentistas e psicológicos indicam que a criação também tem papel importante. Talvez não seja possível quantificar a contribuição de cada componente, mas a pesquisa e a prática provam que a inteligência emocional pode ser aprendida.

Uma coisa é certa: a inteligência emocional aumenta com a idade. Existe uma palavra fora de moda para o fenômeno – maturidade. Mesmo maduras, porém, algumas pessoas ainda precisam treinar para desenvolver a inteligência emocional. Infelizmente, muitos programas que supostamente ensinam habilidades de liderança – como inteligência emocional – são um desperdício de tempo e dinheiro. O problema é simples: eles focam a parte errada do cérebro.

A inteligência emocional origina-se, acima de tudo, nos neurotransmissores do sistema límbico do cérebro, que comanda sentimentos, impulsos e potencialidades. Pesquisas mostram que o sistema límbico aprende melhor quando está motivado, passa por treinamento intensivo e recebe feedback. Esse tipo de aprendizagem se assemelha ao que ocorre no neocórtex, parte do cérebro que comanda as habilidades analíticas e técnicas. O neocórtex domina os conceitos e a lógica. É a parte do cérebro que aprende a usar o computador ou a praticar marketing agressivo lendo um livro. Não surpreende – mas deveria – que seja também a parte do cérebro visada pela maioria dos programas de treinamento que objetivam aprimorar a inteligência emocional. Minha pesquisa em parceria com o Consórcio para Pesquisa em Inteligência Emocional em Organizações mostrou que, quando esses programas procuram atuar no neocórtex, podem até impactar negativamente o desempenho do profissional.

Para aprimorar a inteligência emocional, as organizações precisam redirecionar o foco do treinamento para o sistema límbico. Precisam ajudar seus profissionais a abandonar antigos hábitos comportamentais e criar novos. Isso não só exige muito mais tempo que os programas de treinamento convencionais, mas também uma abordagem individualizada.

Imagine uma executiva que, segundo os colegas, tem pouca empatia. Parte desse déficit é atribuída à sua incapacidade de ouvir; ela interrompe as pessoas e não presta muita atenção ao que dizem. Para resolver o problema, a executiva precisa ser motivada a mudar e depois precisa praticar dar e receber feedback. Um colega ou o coach pode se encarregar de alertá-la sempre que ela não ouvir as pessoas. Quando isso acontecer, ela terá que repetir o incidente e dar uma resposta mais adequada, isto é, demonstrar capacidade de assimilar o que ouve. Além disso, pode ser orientada a observar executivos considerados bons ouvintes e imitar seu comportamento.

Com persistência e prática, esse processo pode gerar resultados permanentes. Conheço um executivo de Wall Street que procurou melhorar sua empatia – mais especificamente, a capacidade de interpretar as reações das pessoas e compreender o ponto de vista delas. Antes do início da pesquisa, seus subordinados tinham pavor dele. Chegavam a omitir más notícias. A dura realidade o surpreendeu. Quando chegou em casa e contou a situação à família, apenas recebeu a confirmação do que tinha ouvido no trabalho: quando havia divergência de opiniões em casa, seus entes queridos também tinham medo de suas reações.

Com a ajuda de um coach e por meio de feedback e de uma mudança de atitude, o executivo começou a trabalhar para melhorar sua empatia. O primeiro passo foi tirar férias num país cujo idioma não entendesse. Durante a viagem, ele monitorou suas reações diante do desconhecido e sua abertura a pessoas diferentes. Quando voltou para casa, sentindo-se pequeno após a semana de férias, o executivo pediu ao coach que o seguisse como uma sombra durante partes do dia, várias vezes por semana, para observar e analisar seu modo de tratar pessoas com perspectivas novas ou diferentes. Ao mesmo tempo, utilizou conscientemente suas interações profissionais como oportunidades para aprender a "ouvir" ideias diferentes. No fim, pediu que sua participação em reuniões fosse gravada e solicitou que seus subordinados e colegas fizessem comentários críticos sobre sua capacidade de reconhecer e entender os sentimentos alheios. Após vários meses, a inteligência emocional do executivo finalmente evoluiu, e esse aperfeiçoamento se refletiu em seu desempenho profissional como um todo.

Vale salientar que a formação da inteligência emocional não ocorre nem pode ocorrer sem o consentimento e o esforço do interessado. Um seminário rápido não resolve o problema, tampouco a leitura de um manual. É muito mais difícil aprender a sentir empatia – ou seja, internalizá-la como uma resposta natural – do que, por exemplo, praticar análise de regressão. Mas é possível. "Nada importante jamais foi alcançado sem dedicação", escreveu Ralph Waldo Emerson. Se sua meta é se tornar um verdadeiro líder, esses conselhos podem servir como uma referência durante seus esforços para desenvolver uma inteligência emocional elevada.

propensas a falhar, por exemplo, por fazer algo além do que devem. Também sabem quando precisam pedir ajuda, assumem riscos calculados, não aceitam desafios que sabem não ser capazes de vencer e apostam em suas qualidades.

Veja o caso da funcionária de nível intermediário que foi convidada a participar de uma reunião estratégica com altos executivos da empresa. Embora fosse a pessoa menos qualificada na reunião, ela não ficou sentada à mesa com uma postura passiva, apenas ouvindo em silêncio, intimidada ou assustada. Estava consciente de seu raciocínio lógico, de que devia apresentar ideias de forma persuasiva e oferecer sugestões convincentes sobre estratégias. Seu autoconhecimento também a impedia de perambular por territórios que ela sabia não dominar.

Além de mostrar a importância de ter profissionais com autoconhecimento na empresa, minha pesquisa indica que altos executivos em geral não atribuem ao autoconhecimento o valor que ele merece ao procurar líderes em potencial. Muitos confundem sinceridade com fraqueza e se equivocam por não tratar com o devido respeito funcionários que reconhecem abertamente seus defeitos. Essas pessoas são demitidas por "não serem fortes o bastante" para se tornarem líderes.

Acontece, porém, que a verdade é o contrário. Acima de tudo, as pessoas geralmente admiram e respeitam a sinceridade. Além disso, líderes muitas vezes são convocados a dar opiniões que requerem uma avaliação honesta de capacidades suas e dos outros. Temos a expertise de gestão para adquirir a empresa concorrente? Podemos lançar um novo produto em seis meses? Profissionais que se autoavaliam de forma honesta – isto é, têm elevado nível de autoconhecimento – estão em condições de agir da mesma maneira nas organizações que comandam.

Autocontrole

Nossas emoções são estimuladas por impulsos biológicos. Não podemos ignorá-las, mas podemos administrá-las. O autocontrole, que nada mais é que uma conversa contínua que temos com nós mesmos, é o componente da inteligência emocional que evita que nos tornemos prisioneiros de nossos sentimentos. A pessoa que pratica essa reflexão interior está sujeita a sentir mau humor e a ter impulsos emotivos como qualquer outra, mas sempre encontra formas de se controlar e até de canalizar os sentimentos de forma mais proveitosa.

Imagine um executivo que acaba de assistir a uma péssima apresentação de seus subordinados para a diretoria da empresa. O clima constrangedor deixa o executivo com vontade de esmurrar a mesa, chutar uma cadeira, se levantar de repente, gritar com o grupo ou permanecer em silêncio, lançar um olhar fulminante ao grupo e sair da sala.

Mas, se tivesse o dom do autocontrole, ele poderia optar por outra abordagem. Escolheria cuidadosamente as palavras e reconheceria o mau desempenho do grupo, mas sem se precipitar com um comentário impetuoso. Em seguida, analisaria os motivos do fracasso. Seriam eles pessoais? Falta de esforço? Existiriam fatores atenuantes? Qual seria sua parcela de culpa no fiasco? Após considerar todos esses fatores, ele deveria reunir o grupo, explicar as consequências do incidente e expor o que sente. Então faria uma análise do problema e apresentaria uma solução ponderada.

Por que o autocontrole é tão importante para os líderes? Antes de tudo, o profissional que está no controle de seus sentimentos e impulsos – ou seja, que é racional – é capaz de criar um ambiente de confiança e imparcialidade. Nesse ambiente, politicagem e conflitos internos são reduzidos e a produtividade cresce. Profissionais talentosos buscam essas organizações e não se sentem tentados a deixá-las. E o autocontrole tem um efeito indireto: sabendo que o chefe é conhecido por sua calma, ninguém quer ser visto como o colega irritado. Ter poucos mal-humorados no topo da empresa significa ter poucos mal-humorados em toda a organização.

Em segundo lugar, o autocontrole é importante por questões competitivas. Atualmente, o ambiente corporativo é dominado por ambiguidade e mudanças. Empresas estão sempre se fundindo e se dividindo. A tecnologia altera o trabalho num ritmo alucinante. As pessoas que conseguem dominar suas emoções são capazes de lidar com as mudanças. Quando os líderes de uma empresa anunciam que vão mudar o software usado nos computadores, elas não entram em pânico. Em vez disso, evitam fazer julgamentos precipitados, buscam informações e ouvem atentamente os executivos. E, à medida que a iniciativa avança, conseguem acompanhá-la e, às vezes, até apontar o caminho.

Imagine uma gestora em uma grande indústria. Assim como seus colegas, ela usou um software durante cinco anos. O programa controlava o sistema de coleta de dados, a produção de relatórios e o modo como ela pensava a estratégia da empresa. Certo dia, a diretoria anunciou que trocariam o software, o que poderia mudar radicalmente a coleta e avaliação de informações. Diversos funcionários se queixaram de que a mudança poderia ser prejudicial, mas a gestora ponderou as razões para a escolha do novo programa e se convenceu de seu potencial para melhorar o desempenho da organização. Compareceu entusiasmada ao treinamento (alguns de seus colegas se recusaram a ir) e acabou sendo promovida para chefiar várias divisões, em parte porque aprendeu a usar a nova tecnologia com eficácia.

Quero reforçar a importância do autocontrole na liderança e argumentar que ele também aumenta a integridade, que não é apenas uma virtude pessoal, mas uma força organizacional. Muitos problemas nas empresas são consequência de comportamentos impulsivos. As pessoas raramente planejam exagerar na projeção de lucros, aumentar as despesas, roubar a empresa ou cometer abuso de poder, mas, quando surge uma oportunidade, não controlam o impulso.

Por outro lado, pense no comportamento de um alto executivo de uma grande empresa alimentícia. Ele é honesto no trato com os distribuidores locais e costuma expor em detalhes sua estrutura de custos, permitindo que os distribuidores tenham uma compreensão realista dos preços praticados pela empresa. Por adotar essa abordagem, o executivo nem sempre conseguia obter um bom negócio. Certa vez, ele se sentiu tentado a aumentar os lucros da empresa alterando uma informação sobre os custos. No entanto, acabou refreando o impulso, pois percebeu que a longo prazo fazia mais sentido agir corretamente. Seu autocontrole emocional foi recompensado com relacionamentos fortes e duradouros com distribuidores que trouxeram mais benefícios à empresa que quaisquer outros ganhos financeiros de curto prazo.

É fácil perceber os sinais de autocontrole emocional: tendência à reflexão e à ponderação, tranquilidade diante da ambiguidade e da mudança e integridade – capacidade de dizer não a impulsos.

Assim como o autoconhecimento, o autocontrole não costuma receber os louros devidos. Às vezes, os profissionais que conseguem controlar as emoções são considerados moscas-mortas – suas respostas ponderadas são vistas como sinal de falta de entusiasmo. Profissionais impetuosos geralmente são considerados líderes clássicos – seus rompantes são vistos como marca registrada de carisma e poder. Mas, quando essas pessoas chegam ao topo, essa impulsividade trabalha contra elas. Minha pesquisa indica que exibir emoções negativas de forma ostensiva nunca foi considerado pré-requisito para ser um bom líder.

Motivação

Uma característica comum a praticamente todos os verdadeiros líderes é a motivação. Eles são orientados a superar as expectativas – próprias ou alheias. São movidos por conquistas. Muitos são estimulados por fatores externos – como um bom salário ou cargo – ou por trabalhar em uma empresa de prestígio. Por outro lado, pessoas com potencial de liderança são motivadas pelo desejo de realização, o simples prazer da conquista.

Se você está procurando líderes, como identificar profissionais motivados pelo simples desejo de conquistar, e não por recompensas externas? O primeiro sinal é a paixão pelo trabalho: eles buscam desafios criativos, adoram aprender e se orgulham de um trabalho bem-feito. Também mostram uma disposição incansável para executar tarefas cada vez melhor. Pessoas assim costumam parecer descontentes com o status quo. Estão sempre questionando por que as coisas são feitas de determinada forma, e não de outra, e buscam explorar novas abordagens para seu trabalho.

Um gerente de uma companhia de cosméticos, por exemplo, estava frustrado por ter que esperar duas semanas para obter os resultados das vendas de sua equipe externa. Ele então descobriu um sistema de telefonia automático que lhe permitia enviar mensagens aos vendedores todos os dias às 17 horas, lembrando-os de introduzir seus dados – quantos clientes tinham visitado e quantas vendas haviam concluído no dia. O sistema reduziu de semanas para horas o tempo de feedback do resultado das vendas.

Esse caso ilustra duas outras características comuns a pessoas cuja meta é a conquista. Elas estão sempre buscando melhorar o desempenho e gostam de saber como estão se saindo. Durante avaliações de desempenho, podem querer que os superiores "exijam" mais delas. Um profissional que combina autoconhecimento com motivação conhece seus limites, mas não se contenta com metas fáceis.

É natural que pessoas que buscam se superar também queiram saber uma forma de avaliar o progresso – o próprio, o de sua equipe e o da empresa. Enquanto pessoas desmotivadas geralmente não ligam para os resultados, as motivadas sabem como estão indo e monitoram parâmetros difíceis de medir, como lucratividade ou participação no mercado. Conheço um gerente financeiro que começa e termina o dia na internet, conferindo o desempenho de seu fundo de ações em quatro referências estabelecidas pelo setor.

O curioso é que pessoas motivadas continuam otimistas quando não vão bem. Nesses casos, o autocontrole se associa à motivação para superar a frustração e a tristeza decorrentes de um revés ou fracasso. Veja o caso de uma gestora de portfólio de uma grande firma de investimentos. Após vários anos de sucesso, os fundos despencaram por três trimestres consecutivos, o que levou três grandes clientes a transferirem as contas para outra empresa.

Alguns atribuíram a queda súbita a circunstâncias alheias. Outros entenderam o revés como evidência de fracasso profissional. No entanto, a gestora viu uma oportunidade de provar que poderia liderar uma reviravolta. Dois anos depois, quando foi promovida a um cargo sênior, ela descreveu a experiência: "Foi a melhor coisa que já me aconteceu. Aprendi muito com aquele episódio."

Executivos que tentam identificar altos níveis de motivação em seus subordinados podem buscar uma última evidência: comprometimento com a organização. Quando as pessoas amam o trabalho que fazem, geralmente se sentem comprometidas com a organização que possibilita isso. Funcionários comprometidos quase sempre permanecem na empresa, mesmo quando recebem propostas com salários mais altos.

Não é difícil entender como e por que a motivação por conquistas se traduz em uma liderança forte. Se você estabelece padrões altos para si, provavelmente fará o mesmo para a organização quando ocupar um cargo que lhe permita isso. O desejo de bater metas e saber como está se saindo pode ser contagiante. Líderes com essas características em geral montam uma equipe de gestores com esses traços. E, claro, otimismo e comprometimento são fundamentais para a liderança – tente se imaginar comandando uma empresa sem essas qualidades.

Empatia

De todas as dimensões da inteligência emocional, a empatia é a mais fácil de reconhecer. Todos notamos a empatia de um amigo ou professor bem-humorado e já sofremos com a falta de empatia de um coach ou chefe insensível. Mas, no mundo dos negócios, raramente ouvimos as pessoas elogiarem a empatia. Recompensá-la, nem pensar. A própria palavra parece desvinculada dessa área, deslocada entre as duras realidades do mercado.

Mas ter empatia não significa ser sentimentalista. Para um líder, não quer dizer levar em conta as emoções alheias e tentar agradar a todos. Isso seria um pesadelo e inviabilizaria qualquer ação. Empatia significa estar atento aos sentimentos dos funcionários – e a outros fatores – no processo de tomada de decisões inteligente.

Pense no que pode acontecer durante a fusão de duas grandes corretoras de valores. O processo gera empregos redundantes em todas as unidades. Um chefe de unidade então reúne a equipe e faz um discurso sombrio enfatizando o número de funcionários que em breve serão dispensados. O chefe de outra, no entanto, faz um discurso diferente. É franco ao falar sobre as próprias preocupação e perplexidade, mas promete manter os subordinados informados e tratá-los imparcialmente.

O que diferencia o comportamento desses executivos é a empatia. O primeiro está preocupado demais com o próprio destino para pensar nos sentimentos dos subordinados abatidos e ansiosos, enquanto o segundo sabe intuitivamente o que seu pessoal está sentindo e suas palavras evidenciam o medo da equipe. Não foi nenhuma surpresa quando o primeiro executivo viu sua unidade afundar à medida que vários funcionários desanimados, principalmente os mais talentosos, saíam da empresa. O segundo, pelo contrário, permaneceu como um líder forte, as pessoas mais talentosas ficaram e sua unidade permaneceu produtiva.

Atualmente a empatia é um componente fundamental da liderança por pelo menos três motivos: a tendência crescente do trabalho em equipe, a globalização cada vez mais presente e a necessidade cada vez maior de reter talentos.

Pense no desafio que é liderar uma equipe. Qualquer profissional que já tenha feito parte de uma pode comprovar que equipes são caldeirões de emoções em ebulição. Geralmente elas recebem a incumbência de chegar a um consenso – e, se isso já é bem difícil entre duas pessoas, que dirá quando o número aumenta. Mesmo em grupos com apenas quatro ou cinco membros, alianças se formam e surgem conflitos de interesses. Um líder de equipe precisa ser capaz de sentir e compreender todos os pontos de vista.

Foi exatamente isso que fez a gerente de marketing de uma grande empresa de TI ao ser indicada para liderar uma equipe complicada. O grupo estava desorganizado, sobrecarregado e perdendo prazos. Havia muita tensão entre os integrantes e medidas paliativas não bastaram para manter o grupo unido e torná-lo parte efetiva da companhia.

Então a gestora decidiu agir por etapas. Marcou uma série de conversas com cada funcionário separadamente e perguntou o que os frustrava, como avaliavam os colegas, quando achavam que tinham sido ignorados. Em seguida, estabeleceu uma estratégia para manter a equipe unida: encorajou os subordinados a expor suas frustrações e os ajudou a apresentar suas reivindicações de forma construtiva durante as reuniões. Em resumo, a empatia lhe permitiu entender a estrutura emocional da equipe. O resultado foi não só o aumento da colaboração em equipe, mas do escopo, tendo em vista que cada vez mais outros setores passaram a solicitar sua ajuda.

A globalização é outro componente que torna a empatia cada vez mais importante para os líderes. Num diálogo entre pessoas de culturas diferentes podem surgir equívocos e mal-entendidos. A empatia é o antídoto para isso. Pessoas empáticas estão atentas às sutilezas da linguagem corporal, conseguem ouvir a mensagem por trás das palavras e têm consciência das diferenças étnicas e culturais.

Veja o caso de uma consultora americana cuja equipe apresentou um projeto para um cliente em potencial do Japão. Nas negociações com outras empresas americanas, a equipe estava acostumada a ser bombardeada com perguntas, mas dessa vez a reação foi um longo silêncio. Pensando que o silêncio era sinal de desaprovação, alguns membros da equipe estavam prontos para pegar a pasta e sair da sala; foi quando a consultora líder fez um gesto pedindo que permanecessem. Embora não estivesse familiarizada com a cultura japonesa, ela fez uma leitura do rosto e da postura do cliente e sentiu que não havia rejeição, mas interesse – até profunda aceitação. E ela estava certa: quando o cliente finalmente falou, confirmou que o projeto estava aprovado.

Por fim, a empatia desempenha um papel importante na retenção de talentos, sobretudo na economia da informação. Os chefes sempre precisaram ter empatia para desenvolver e manter pessoas talentosas na empresa, mas atualmente há muito mais em jogo: quando profissionais de talento pedem demissão, levam consigo o conhecimento da empresa.

É aí que entram o coaching e a mentoria. Têm surgido cada vez mais provas de que essas duas ferramentas se traduzem não só em melhor desempenho, mas em satisfação cada vez maior com o trabalho e em diminuição da rotatividade de funcionários. Mas o que faz o coaching e a mentoria funcionarem melhor é a natureza do relacionamento. Os coaches e mentores competentes penetram a mente do profissional com quem trabalham, pressentem qual é a melhor forma de oferecer um feedback eficaz e sabem até que ponto podem pressionar para obter melhor desempenho. Na forma de motivar seus protegidos, dão um exemplo prático de empatia.

Posso estar me repetindo, mas reafirmo que a empatia deveria ser mais valorizada no mundo dos negócios. As pessoas se perguntam como os líderes são capazes de tomar decisões difíceis se sentindo mal por aqueles que serão afetados. Mas os líderes que têm empatia fazem mais que se solidarizar com seu pessoal: eles usam o conhecimento que têm para melhorar a empresa de maneiras sutis porém significativas.

Destreza social

Os três primeiros componentes da inteligência emocional são habilidades de autogestão. Os dois últimos – a empatia e a destreza social – estão ligados à capacidade de administrar relacionamentos interpessoais. Como componente da inteligência emocional, ter destreza social não é tão fácil quanto parece. Não é uma simples questão de cordialidade, embora pessoas com alto nível de destreza social raramente sejam mal-intencionadas. Na verdade, a destreza social é a cordialidade com um propósito: fazer as pessoas seguirem na direção que você deseja, seja um acordo numa nova estratégia de marketing, seja o entusiasmo por um novo produto.

Quem possui destreza social costuma ter um grande círculo de relacionamentos e um jeito especial de chegar a um consenso com pessoas de todos os tipos – uma aptidão para costurar acordos. Isso não significa que socialize a todo momento, apenas que trabalha segundo o pressuposto de que não conseguirá concretizar nada de importante sozinho. Quando precisa agir, então, conta com uma rede à sua disposição.

A destreza social é a culminação de outras dimensões da inteligência emocional. Em geral, as pessoas administram melhor os relacionamentos quando compreendem e controlam as próprias emoções e sentem empatia pelos outros. Até a motivação contribui para a destreza social: lembre-se de que pessoas orientadas para a conquista geralmente são otimistas, mesmo diante de fracassos. Quando estão felizes, animam as conversas e os encontros sociais. São populares, e por um bom motivo.

Por ser o resultado de outras dimensões da inteligência emocional, a destreza social se manifesta de diversas formas no ambiente de trabalho. Profissionais com grande destreza social são, por exemplo, competentes em administrar equipes – a empatia na prática. Também são mestres na arte da persuasão – uma manifestação de autoconhecimento, autocontrole e empatia. Com essas habilidades, pessoas persuasivas sabem, por exemplo, quando é melhor apelar para o emocional e quando apelar para a razão. E pessoas motivadas são excelentes colaboradoras, pois objetivam encontrar soluções e contagiam os colegas com sua paixão.

A destreza social fica evidente em situações em que outros componentes da inteligência emocional não aparecem. Às vezes, temos a impressão de que os profissionais com essa habilidade não estão trabalhando, apenas batendo papo – conversando com colegas nos corredores ou brincando com gente que não está relacionada a seu "verdadeiro" trabalho. Para eles, não faz sentido limitar arbitrariamente o âmbito de seus relacionamentos. Eles formam vínculos com pessoas de diversas áreas pois sabem que amanhã poderão precisar da ajuda delas.

Veja o caso do chefe do departamento de estratégia de uma fabricante global de computadores. Por volta de 1993, ele se convenceu de que o futuro da empresa dependia da internet. Ao longo do ano seguinte, conheceu na empresa pessoas que pensavam da mesma forma e usou sua destreza social para formar uma comunidade virtual que transcendesse níveis hierárquicos, unidades e nações. Depois, com o auxílio do grupo, criou o site da corporação, um dos primeiros de uma grande empresa. E, por iniciativa própria, sem orçamento nem o status formal de um cargo, inscreveu a empresa em uma convenção empresarial anual sobre a internet. Por fim, convocando seus aliados e persuadindo várias divisões a doar fundos, recrutou mais de 50 pessoas em cerca de 10 unidades para representar a empresa na convenção.

A diretoria percebeu seu esforço e, um ano depois da convenção, formou a base da primeira divisão de internet da empresa, dando a ele o comando formal do setor. Para chegar aonde chegou, o executivo ignorou os limites convencionais de seu setor, forjando e mantendo conexões com pessoas de todos os cantos da organização.

A maioria das empresas considera a destreza social uma competência importante, sobretudo quando comparada a outros componentes da inteligência emocional. As pessoas parecem saber por intuição que os líderes precisam administrar bem os relacionamentos profissionais. Nenhum líder é uma ilha – afinal, seu papel é possibilitar que o trabalho seja feito pelos subordinados, e a sensibilidade social permite isso. Um líder incapaz de expressar empatia pode simplesmente não ter empatia. E a motivação de um líder é inútil se ele não consegue transmitir sua paixão para a organização. A destreza social permite que líderes ponham a inteligência emocional em funcionamento.

Seria tolice afirmar que o bom e velho QI e as habilidades técnicas não são importantes para uma liderança forte, mas a receita não estaria completa sem a inteligência emocional. No passado, acreditava-se que "seria bom" que os gestores possuíssem componentes de inteligência emocional, mas hoje sabemos que, para se saírem bem, eles *precisam* desses componentes.

Com tudo isso em vista, saber que é possível aprender e desenvolver a inteligência emocional é uma ótima notícia. Claro que o processo não é fácil – leva tempo e, acima de tudo, exige comprometimento –, mas os benefícios de ter uma inteligência emocional bem desenvolvida, tanto para o próprio líder quanto para a organização, fazem o esforço valer a pena.

Publicado originalmente em junho de 1996.

7

O paradoxo da autenticidade

Herminia Ibarra

A AUTENTICIDADE TORNOU-SE O PADRÃO-OURO da liderança, mas um entendimento simplista do que isso significa pode impedir seu crescimento e limitar seu impacto.

Considere Cynthia, diretora-geral de uma empresa de assistência médica. Sua promoção a esse cargo aumentou em 10 vezes o número de funcionários sob sua supervisão e expandiu o âmbito das atividades que ela coordenava – e ela se sentiu um pouco insegura de dar um salto tão grande. Firme adepta da liderança transparente e colaborativa, ela se abriu para seus novos subordinados: "Quero fazer este trabalho, mas é assustador, e preciso da ajuda de vocês." Sua sinceridade foi um tiro no pé: ela perdeu credibilidade junto a pessoas que queriam e precisavam de um líder confiante.

Ou tome o exemplo de George, um executivo malaio numa fabricante de peças de automóvel onde as pessoas valorizavam uma cadeia de comando clara e tomavam decisões por consenso. Quando uma multinacional holandesa de estrutura matricial adquiriu a companhia, George se viu trabalhando com pessoas que viam a tomada de decisões como uma competição aberta para um debate sobre as melhores ideias. Ele não assimilou fácil esse estilo, pois contradizia tudo que havia aprendido sobre humildade em seu país. Em uma avaliação de desempenho 360 graus, seu chefe lhe disse que ele precisava vender mais agressivamente suas ideias e realizações. George sentiu que tinha de escolher entre ser um fracasso e ser um falso.

Como ir contra nossas inclinações naturais pode fazer com que nos sintamos impostores, tendemos a nos agarrar à autenticidade como uma desculpa para mantermos o que nos é mais confortável. Mas poucos empregos nos permitem fazer isso por muito tempo. Isso é ainda mais palpável quando progredimos na carreira ou quando as demandas ou as expectativas mudam, como descobriram Cynthia, George e incontáveis outros executivos.

Em minha pesquisa sobre transições em liderança, observei que progressos na carreira exigem de todos nós um amplo afastamento da zona de conforto, mas ao mesmo tempo eles desencadeiam, como contrabalanceamento, um forte impulso de proteção da identidade: quando estamos inseguros com nosso perfil, ou com nossa capacidade de oferecer um bom desempenho ou de estar à altura em novos cenários, é comum recuarmos para comportamentos e estilos familiares.

Porém minha pesquisa demonstra que os momentos que mais desafiam nossa percepção de nós mesmos são aqueles que mais podem nos ensinar a liderar com eficácia. Quando nos vemos como um processo em andamento e evoluindo em nossa identidade profissional mediante tentativa e erro, somos capazes de desenvolver um estilo pessoal que sintamos ser o certo para nós e que atenda às novas necessidades da organização.

Isso exige coragem, porque o aprendizado, por definição, começa com comportamentos não naturais e frequentemente superficiais que podemos sentir como se fossem calculados, não genuínos e espontâneos. Mas a única maneira de evitar sermos estereotipados e de finalmente nos tornarmos líderes melhores é fazer as coisas que um senso rigidamente autêntico do "eu" nos impediria de fazer.

Por que a autenticidade é uma questão para os líderes

Tradicionalmente, a palavra "autêntico" se refere a uma obra de arte que é original, não cópia. Quando usada para descrever liderança, claro, ela

> ## Em resumo
>
> **O problema**
> Quando vemos a autenticidade como um inabalável senso de si próprio, temos dificuldade em assumir novos desafios e papéis maiores. A realidade é que as pessoas aprendem – e mudam – quem são através da experiência.
>
> **A solução**
> Quando experimentamos diferentes estilos e comportamentos de liderança, nos desenvolvemos mais do que se usarmos apenas de reflexão. Experimentar nos permite descobrir qual é o melhor caminho para nós e para a empresa.
>
> **O obstáculo**
> Essa abordagem adaptativa da autenticidade pode fazer com que nos sintamos impostores, porque envolve fazer coisas que não nos ocorrem naturalmente. Mas é fora da zona de conforto que mais aprendemos a ser líderes eficazes.

tem outros significados – que podem ser problemáticos. Por exemplo, a noção de lealdade a um "eu verdadeiro" desaparece nas muitas pesquisas sobre como as pessoas evoluem com a experiência, descobrindo facetas de si mesmas que nunca teriam desencavado apenas por meio de introspecção. E ser totalmente transparente – revelando cada pensamento e cada sentimento – é irrealista e arriscado.

Líderes enfrentam dilemas de autenticidade por diversas razões. Primeiro, porque fazemos mudanças mais frequentes e mais radicais nos tipos de trabalho que executamos. Enquanto nos esforçamos por *melhorar* nossa atuação, um claro e firme senso de identidade é uma bússola que nos ajuda a navegar por escolhas e progressos rumo a nossos objetivos. Mas, quando buscamos *mudar* nossa atuação, um autoconceito muito rígido se torna uma âncora, nos impedindo de navegar adiante – como aconteceu com Cynthia no início.

Segundo, porque os negócios globais nos fazem trabalhar com pessoas que têm outras normas culturais e expectativas diferentes quanto ao nosso comportamento. Muitas vezes pode parecer que temos de escolher entre o que é esperado – e, portanto, efetivo – e o que sentimos como autêntico. George é um desses casos.

Terceiro, porque a identidade pessoal está sempre exposta no mundo atual de conectividade ubíqua e mídias sociais. O modo como nos apresentamos – não só como executivos, mas como pessoas, com peculiaridades e interesses mais amplos – tornou-se um aspecto importante da liderança. Essa necessidade de fazer uma cuidadosa curadoria de uma persona exposta a todos os olhares pode entrar em conflito com nossa autoimagem.

Em dezenas de entrevistas com executivos talentosos que estavam enfrentando novas expectativas, descobri que as situações em que esse conflito da autenticidade se apresenta com mais força são as que se seguem.

Assumindo a liderança num cargo não familiar

Como todos sabem, os primeiros 90 dias são críticos para novos líderes. As primeiras impressões formam-se rapidamente, e elas têm um grande peso. A maneira de reagir ao aumento da visibilidade e à pressão por bom desempenho varia muito, dependendo da personalidade de cada um.

O psicólogo Mark Snyder, da Universidade de Minnesota, identificou dois perfis psicológicos que mostram como líderes desenvolvem seu estilo pessoal. Os "automonitores ativos" – ou camaleões, como os chamo – são naturalmente capazes e desejosos de se adaptar às exigências de uma nova situação sem se sentirem impostores. Camaleões cuidam de gerenciar sua imagem pública e, em geral, mascaram sua vulnerabilidade com bravatas. Nem sempre conseguem na primeira vez, mas continuam experimentando estilos diferentes, como se fossem roupas novas, até acharem algo que lhes caia bem nas circunstâncias. Graças a essa flexibilidade, costumam progredir rápido, mas podem enfrentar problemas quando outros os percebem como insinceros ou carentes de base moral – apesar de estarem expressando sua natureza de camaleão "verdadeira".

Em contrapartida, os "fiéis a si mesmos" (ou, para Snyder, "automonitores moderados") tendem a expressar o que realmente pensam e sentem, mesmo quando isso vai contra as exigências da situação. O perigo com os "fiéis a si mesmos", como Cynthia e George, é que eles podem ficar por tempo demais agarrados a um comportamento confortável que os impede de atender a novas exigências em vez de evoluir seu estilo à medida que adquirem insight e experiência.

Cynthia (que entrevistei após sua história ter sido citada num artigo de Carol Hymowitz publicado no *Wall Street Journal*) se resguardava assim. Ela acreditava ser o caminho para o sucesso se manter autêntica e fiel a seu estilo de gestão altamente pessoal e transparente. Ela pediu o apoio de sua nova equipe, reconhecendo abertamente que se sentia um tanto perdida. Na correria para aprender aspectos não familiares do cargo, trabalhou incansavelmente para contribuir em toda decisão e para resolver todo problema. Após alguns meses, estava no limite da exaustão. Para piorar as coisas, ter compartilhado tão cedo sua vulnerabilidade com sua equipe tinha prejudicado sua posição. Alguns anos depois, refletindo sobre sua transição, Cynthia me disse: "Ser autêntico não significa se colocar contra a luz de modo que vejam através de você." Mas, na época, era assim que ela entendia – e, ao invés de conquistar confiança, ela fez as pessoas questionarem se ela daria conta do trabalho.

Delegar e se comunicar adequadamente são apenas parte do problema num caso como esse. Uma questão mais profunda é como encontrar o equilíbrio correto entre distância e proximidade numa situação não familiar, o que, para Deborah Gruenfeld, pesquisadora de psicologia na Universidade de Stanford, é gerenciar a tensão entre autoridade e acessibilidade. Para ter autoridade, você coloca seu conhecimento, sua experiência e sua expertise como mais valiosos que os da sua equipe, mantendo certa distância. Para ser acessível, você reforça seus relacionamentos com as pessoas, valorizando suas contribuições e perspectivas, e as lidera com empatia e simpatia. Atingir o equilíbrio correto acarreta uma crise aguda de autenticidade para os "fiéis a si mesmos", que geralmente têm forte preferência por se comportar de uma outra maneira. Cynthia se mostrou acessível e vulnerável demais, o que a enfraqueceu e a esgotou. Naquele cargo superior, ela precisava manter mais distância de seus subordinados para ganhar sua confiança e fazer o trabalho.

Vendendo suas ideias (e a si mesmo)

O crescimento no papel de liderança geralmente envolve uma mudança de postura: não apenas ter boas ideias, mas defendê-las para as diversas partes interessadas ou stakeholders. Líderes inexperientes, principalmente os "fiéis a si mesmos", consideram desagradável esse processo de conquistar adesão, porque lhes parece artificial e político; acreditam que seu trabalho deveria depender puramente de seus méritos.

Um exemplo: Anne, uma gerente sênior numa empresa de transportes, dobrou o faturamento de sua unidade e redesenhou processos centrais. No entanto, apesar de suas óbvias realizações, seu chefe não a considerava uma líder inspiradora. Anne também sabia que não estava se comunicando de maneira eficiente em seu cargo no conselho da empresa-mãe. O presidente, de pensamento prático e direto, volta e meia ficava impaciente com o detalhismo dela. Seu feedback para Anne foi "Suba um degrau, amplie a visão", mas isso lhe parecia uma valorização da forma acima da substância. "Para mim, é manipulação", ela me contou durante uma entrevista. "Eu posso contar histórias também, mas me recuso a jogar com as emoções das pessoas. Se esse jogo for muito óbvio, não consigo fazer." Como muitas pessoas que aspiram à liderança, ela resistiu a fabricar mensagens emocionais para influenciar e inspirar os outros, porque achou que nisso seria menos autêntica do que se baseando em fatos, números e planilhas. Como resultado, trabalhava fora de sintonia com o presidente, insistindo em fatos em vez de atraí-lo como um aliado valioso.

Muitos gestores sabem, no fundo, que suas boas ideias e seu grande potencial não serão notados se não fizerem melhor o trabalho de venderem a si mesmos, mas ainda assim não conseguem se obrigar a fazê-lo. "Eu tento construir uma rede baseada em profissionalismo e naquilo que posso oferecer ao negócio, e não em quem eu conheço", disse-me um gestor. "Talvez isso não seja muito inteligente sob o ponto de vista de carreira, mas não posso ir contra minhas convicções... Por isso, tenho sido mais limitado em fazer contatos com posições superiores."

Até que vejamos o progresso na carreira como um meio de ampliar nosso alcance e aumentar nosso impacto na organização – um ganho coletivo, não apenas um propósito egoísta –, teremos dificuldade com esse sentimento de ser autêntico quando precisarmos mobilizar forças para influenciar pessoas. Os "fiéis a si mesmos" acham particularmente difícil se vender a superiores quando mais precisam fazer isso: quando ainda não provaram seu valor. A pesquisa demonstra, no entanto, que essa hesitação desaparece quando as pessoas ganham experiência e ficam mais seguras do valor que agregam à empresa.

Processando feedback negativo

Muitos executivos bem-sucedidos se deparam com sério feedback negativo pela primeira vez na carreira quando assumem cargos ou responsabilidades maiores. Mesmo quando as críticas não são exatamente novas, elas parecem ganhar dimensão maior porque agora as apostas subiram. Mas os líderes se convencem de que aspectos deficientes de seu estilo "natural" são o preço inevitável a pagar por sua eficiência.

Consideremos o caso de Jacob, um gerente de produção de uma empresa alimentícia. Numa avaliação de desempenho 360 graus, seus subordinados diretos lhe deram notas baixas em inteligência emocional, formação de equipe e empoderamento de funcionários. Um deles escreveu que Jacob não sabia receber críticas. Outro observou que, após uma explosão de raiva, ele de repente fazia uma piada como se nada tivesse acontecido, sem se dar conta do efeito desestabilizador de suas mudanças de humor em todos à sua volta. Para alguém que acreditava sinceramente que tinha construído um ambiente de confiança com seu pessoal, foi difícil ouvir tudo isso.

Uma vez passado o choque inicial, Jacob reconheceu que não era a primeira vez que recebia essa crítica (outros gestores e subordinados tinham feito comentários parecidos alguns anos antes). "Eu pensava que tinha mudado minha maneira de agir", declarou, "mas na verdade não mudei tanto assim desde a última vez." Contudo, ele rapidamente racionalizou seu comportamento para seu chefe: "Às vezes temos que ser duros para obter resultados, e as pessoas não gostam disso. É preciso aceitar isso como parte dos requisitos da função." Claro que ele não estava percebendo o principal.

Como feedbacks negativos para líderes costumam se concentrar no estilo, e não na aptidão ou na expertise, o gestor pode senti-los como uma ameaça a sua identidade – como se estivessem lhe pedindo que desista de seu "molho secreto". Foi assim que Jacob encarou o caso. Sim, ele às vezes era explosivo – mas, em seu ponto de vista, essa "dureza" lhe facultava entregar bons resultados ano após ano. Na verdade, no entanto, ele tinha tido sucesso até então *apesar* de seu comportamento. Quando o alcance de seu cargo se ampliou e ele assumiu maior responsabilidade, seu intenso

Por que empresas estão implementando treinamento de autenticidade

Gestores podem escolher entre incontáveis livros, artigos e workshops onde buscar sugestões para serem mais autênticos no trabalho. Duas tendências ajudam a explicar a explosão de popularidade do conceito e a indústria de treinamento que ele alimenta.

Primeiro, a confiança em líderes executivos caiu ao ponto mais baixo na história em 2012, segundo o estudo Barômetro de Confiança da Edelman. Mesmo em 2013, quando os números começaram a subir novamente, apenas 18% das pessoas relatavam confiar em que os líderes diziam a verdade, e menos de meio por cento confiava que as empresas agiam corretamente.

Segundo, o engajamento de funcionários está num nadir. Uma pesquisa da Gallup em 2013 descobriu que apenas 13% dos profissionais de todo o mundo estão engajados em seu trabalho. Apenas um em oito trabalhadores – dos cerca de 180 milhões pesquisados – está psicologicamente comprometido com seu emprego. Em estudos após estudos, frustração, esgotamento, desilusão e descompasso com valores pessoais são citados entre as maiores razões para uma mudança de carreira.

Numa época em que a confiança pública e moral do funcionário está em tão baixo nível, não é surpresa que as empresas estejam incentivando os líderes a descobrirem seu "verdadeiro" eu.

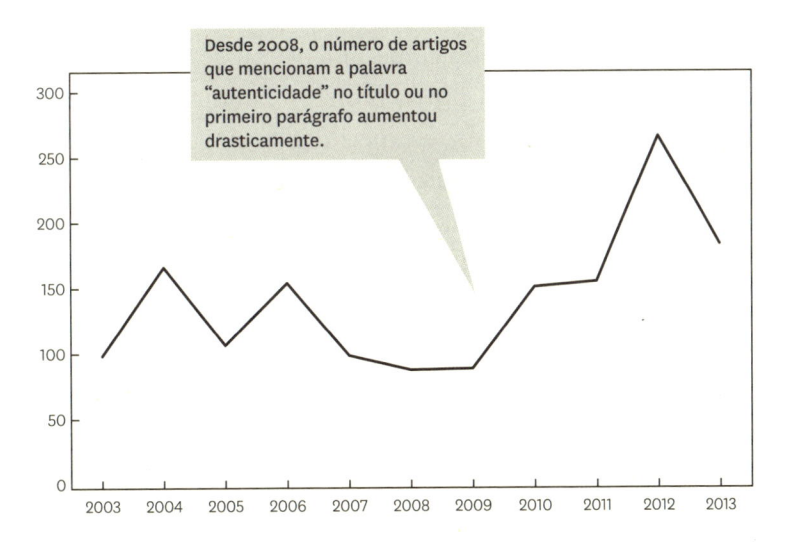

Desde 2008, o número de artigos que mencionam a palavra "autenticidade" no título ou no primeiro parágrafo aumentou drasticamente.

Fonte: *The New York Times, Financial Times, Washington Post, Economist, Forbes, Wall Street Journal* e *HBR*

escrutínio sobre os subordinados tornou-se um obstáculo ainda maior, pois consumia tempo que poderia ser dedicado a propósitos mais estratégicos.

Um grande exemplo público disso é Margaret Thatcher. Seus assessores sabiam que ela podia ser impiedosa se alguém deixasse de fazer as coisas tão meticulosamente quanto ela. Thatcher era capaz de humilhar em público um membro de sua equipe; era, notoriamente, uma má ouvinte e acreditava que concessão era covardia. Quando se tornou conhecida no mundo inteiro como a "Dama de Ferro", Thatcher ficou cada vez mais convencida da correção de suas ideias e da necessidade de seus métodos coercitivos. Era capaz de fazer qualquer um se submeter a ela com o poder de sua retórica e sua convicção, e foi ficando cada vez melhor nisso. No entanto, essa acabou sendo sua desgraça – foi deposta por seu próprio gabinete.

Mente aberta

Um autoconceito tão rígido pode resultar de introspecção excessiva. Quando procuramos respostas olhando apenas para dentro, estamos inadvertidamente reforçando modos antigos de enxergar o mundo e visões ultrapassadas de nós mesmos. Sem aquilo que eu chamo de *outsight* – a "visão de fora", a valiosa perspectiva externa que obtemos ao experimentar novos comportamentos de liderança –, os padrões habituais de pensamento e ação nos cerceiam. Para começar a pensar como líderes, primeiro temos de agir: mergulhar em novos projetos e atividades, interagir com tipos muito diferentes de pessoa e experimentar novas maneiras de fazer com que as coisas sejam realizadas. Especialmente em épocas de transição e incerteza, pensamento e introspecção devem seguir-se à experiência, e não o contrário. A ação muda quem somos e aquilo que acreditamos valer a pena fazer.

Felizmente, há maneiras de incrementar o *outsight* e de evoluir em direção a uma forma "adaptativamente autêntica" de liderança, mas elas exigem uma mente aberta, divertida e bem-humorada. Pense no desenvolvimento da liderança como a ação de tentar possíveis "eus" em vez de trabalhar consigo mesmo – o que, vamos reconhecer, soa enfadonho. Quando adotamos uma atitude bem-humorada, estamos mais abertos a possibilidades. Tudo bem ser incoerente de um dia para outro. Isso não é ser falso, é como experimentamos, para conceber o que é o certo para os novos desafios e as novas circunstâncias que temos pela frente.

Minha pesquisa sugere três importantes pontos de partida.

Aprender com diversos modelos de atuação

A maioria dos aprendizados envolve alguma forma de imitação – e o entendimento de que nada é "original". Uma parte importante do crescimento como líder é encarar a autenticidade não como um estado intrínseco, mas como a capacidade de assimilar elementos de outros estilos e comportamentos e torná-los seus.

Mas não copie o estilo de liderança de uma só pessoa; explore muitos e diversos modelos de atuação. Existe uma grande diferença entre imitar tudo que vem de alguém e tomar emprestado seletivamente de várias pessoas para criar sua própria colagem, a qual você depois modifica e aperfeiçoa. Como disse o dramaturgo Wilson Mizner, copiar de um autor é plágio, mas copiar de muitos é pesquisa.

Eu observei a importância dessa abordagem num estudo com banqueiros e consultores de investimentos que estavam avançando de um trabalho analítico e de projeto para o aconselhamento de clientes e a venda de novos negócios. Embora a maioria se sentisse incompetente e insegura em suas novas funções, os camaleões entre eles tomavam emprestado, conscientemente, estilos e táticas de líderes seniores bem-sucedidos – aprendendo, mediante emulação, a usar o humor para, por exemplo, quebrar a tensão em reuniões e a formar opinião sem parecer autoritário. Em essência, os camaleões simulavam comportamentos até descobrir algo que funcionasse para eles. Tomando conhecimento de seus esforços, seus gestores lhes davam treinamento e tutoria e compartilhavam um tácito conhecimento.

Assim, os camaleões chegaram muito mais rápido a um estilo mais habilidoso – e ainda autêntico – do que os "fiéis a si mesmos" do estudo, que continuaram empenhados somente em demonstrar domínio técnico. Muitos "fiéis" concluíam que seu gestor era "muito papo e pouco conteúdo" e, portanto, não era um bom modelo de atuação. Na ausência de um modelo "perfeito", eles tiveram mais dificuldade com a imitação – que lhes parecia espúria. Infelizmente, seus gestores interpretavam sua incapacidade de adaptação como falta de esforço ou de comprometimento, portanto não lhes davam tanta assistência quanto dedicavam aos camaleões.

Trabalhar para melhorar

Estabelecer metas de aprendizado (não só de desempenho) nos ajuda a experimentar nossa identidade sem parecermos impostores, porque não esperamos conseguir tudo logo no começo. Paramos de tentar proteger nosso confortável antigo "eu" das ameaças da mudança e começamos a explorar que tipos de líder podemos nos tornar.

É claro que todos queremos nos sair bem numa situação nova – implementar a estratégia certa, produzir absurdamente, obter resultados que a organização valoriza –, mas, se focarmos unicamente nesses aspectos, teremos medo de assumir riscos no exercício do aprendizado. Numa série de experimentos engenhosos, a psicóloga de Stanford Carol Dweck demonstrou que a preocupação de saber como somos percebidos pelos outros inibe o aprendizado de tarefas novas ou não familiares. Metas de desempenho nos motivam a mostrar aos outros que possuímos atributos valiosos, como inteligência e aptidão social, e a provar isso para nós mesmos. Já metas de aprendizado nos motivam a *desenvolver* atributos valiosos.

Quando estamos no modo desempenho, a liderança envolve nos apresentarmos à luz mais favorável possível. No modo aprendizado, podemos conciliar nosso anseio por autenticidade com um desejo de crescer igualmente poderoso. Conheci um líder que era excelente quando em grupos pequenos, mas que tinha dificuldade em mostrar abertura a novas ideias em reuniões maiores – aferrava-se a apresentações longas e prolixas por medo de se perder com as interrupções. Ele então estabeleceu para si uma regra de não usar PowerPoint, para desenvolver um estilo mais relaxado, improvisado. Ficou surpreso ao ver quanto aprendeu, não só sobre as próprias preferências em evolução mas também sobre as questões imediatas.

Não ficar agarrado a "sua história"

A maioria de nós tem narrativas pessoais sobre momentos determinantes que nos ensinaram importantes lições. Conscientemente ou não, permitimos que nossas histórias, e as imagens de nós mesmos que elas descrevem, nos orientem em situações novas. Mas as histórias podem ficar

O fator cultural

Seja qual for a situação – assumir um cargo em território não familiar, vender suas ideias e a si mesmo ou processar um feedback negativo –, encontrar meios autênticos de ser eficiente é ainda mais difícil num ambiente multicultural.

Como minha colega do francês Insead (Instituto Europeu de Administração de Empresas) Erin Meyer descobriu em sua pesquisa, os estilos de persuasão e os tipos de argumento considerados persuasivos estão longe de serem universais; eles estão profundamente enraizados nas suposições filosóficas, religiosas e educacionais de uma cultura. No entanto, prescrições de como se supõe que um líder deva parecer, falar e agir são raramente tão diversas quanto os próprios líderes. E, apesar de iniciativas corporativas de incutir a compreensão das diferenças culturais e promover diversidade, o fato é que ainda se espera que líderes expressem suas ideias de maneira assertiva, reivindiquem crédito por elas e usem de carisma para motivar e inspirar pessoas.

Supõe-se que a autenticidade seja um antídoto para um modelo único de liderança (afinal, a ideia é ser você mesmo, não o que esperam que seja), mas, na mesma medida em que ganhou aceitação, essa noção, ironicamente, passou a significar algo muito mais limitado e culturalmente específico. Um olhar mais atento a como líderes são ensinados a desenvolver e demonstrar autenticidade – por exemplo, contando uma história pessoal sobre uma dificuldade que tenham superado – revela um modelo que é, na realidade, muito americano, baseado em ideais tais como autorrevelação, humildade e triunfo individual sobre a adversidade.

Isso resulta num "catch-22" para gestores provenientes de culturas com normas diferentes para autoridade, comunicação e empreendimento coletivo, porque têm de se comportar inautenticamente para se adaptar aos aspectos estritos de uma liderança "autêntica".

---

desatualizadas à medida que crescemos, por isso às vezes é necessário alterá-las sem comedimento, ou até jogá-las fora e começar do zero.

Foi isso que aconteceu a Maria, uma líder que se considerava a "mãe galinha cercada de seus pintinhos". Sua coach, ex-CEO da Ogilvy & Mather, Charlotte Beers, explica em seu livro *I'd Better Be in Charge* (Seria melhor eu estar no comando) que essa autoimagem surgiu de um tempo em que Maria teve de sacrificar seus objetivos e sonhos para cuidar da família, que tinha se ampliado. E, mais tarde, essa autoimagem começou a dificultar seu progresso na carreira: embora tivesse funcionado para ela como uma parceira leal e pacificadora, não a estava ajudando a conquistar a grande liderança que ela desejava. Juntas, Maria e sua coach buscaram outro momento de definição para usá-lo como pedra de toque, e que fosse mais conforme ao "eu" que Maria desejava no futuro, não o que tinha sido no passado. Escolheram aquele em que Maria, ainda jovem, tinha deixado sua família para viajar pelo mundo durante 18 meses. Atuando a partir dessa percepção mais ousada de seu "eu", ela pediu – e obteve – uma promoção que até então tinha sido ilusória.

Dan McAdams, um professor de psicologia na Northwestern que durante toda a sua carreira estudou histórias de vida, descreve identidade como "a história internalizada e em evolução que resulta da apropriação seletiva do passado, presente e futuro de uma pessoa". Não é apenas jargão acadêmico. McAdams está dizendo que você tem de acreditar em sua história – mas também se apropriar de como ela muda com o tempo, de acordo com o que você precisa que ela seja. Experimente assumir novas histórias sobre si mesmo e continue a editá-las, como faz com seu currículo.

Reiterando: revisar a própria história é um processo introspectivo e social. As narrativas que escolhemos não devem apenas somar nossas experiências e nossas aspirações, mas também refletir as demandas que enfrentamos e estar em consonância com o público que estamos tentando conquistar.

Inúmeros livros e consultores o aconselham a começar sua jornada de liderança com uma clara noção de quem você é, mas isso pode ser uma receita para ficar empacado no passado. Sua identidade como líder pode – e deve – mudar a cada vez que você assumir coisas maiores e melhores.

A única maneira de crescermos como líderes é ampliando os limites de quem somos – experimentando coisas novas que nos são desconfortáveis mas que nos indicam, por experiência direta, quem queremos nos tornar. Esse crescimento não impõe uma transformação radical da personalidade. Pequenas mudanças – no modo como nos conduzimos, na maneira como nos comunicamos, na forma como interagimos – fazem toda a diferença em como efetivamente lideramos.

Publicado originalmente em janeiro-fevereiro de 2015.

8

Gerencie seu chefe

John J. Gabarro e John P. Kotter

PARA MUITA GENTE, A EXPRESSÃO "gerenciar seu chefe" pode soar incomum ou suspeita. Por causa da tradicional ênfase na hierarquia de cima para baixo na maioria das organizações, não é óbvio que você precise gerir relacionamentos "de baixo para cima" – a menos, é claro, que o faça por razões pessoais ou políticas. Mas não estamos nos referindo a manobras políticas ou a bajulação. Esse termo expressa o processo de conscientemente trabalhar com seu superior para obter os melhores resultados possíveis para você, para ele e para a empresa.

Estudos recentes sugerem que gestores eficazes dedicam tempo e esforço a gerir não só relacionamentos com seus subordinados, mas também com seus chefes. Esses estudos também demonstram que esse aspecto essencial da gestão é às vezes ignorado por gestores que, fora isso, são talentosos e dinâmicos. De fato, alguns gestores que, de maneira ativa e eficaz, supervisionam subordinados, produtos, mercados e tecnologias adotam uma postura de resistência de modo quase passivo em relação aos chefes. Essa postura quase sempre prejudica a eles e à empresa.

Se você duvida da importância de gerenciar seu chefe ou de como é difícil fazer isso com eficácia, considere por um momento a seguinte história.

Frank Gibbons era um reconhecido gênio da produção em seu setor e, segundo qualquer padrão de lucratividade, um executivo muito eficaz. Em 1973, suas qualidades o levaram à posição de vice-presidente de produção da segunda maior e mais lucrativa empresa da área. Gibbons não era, entretanto, um bom gestor de pessoas. Ele sabia disso, assim como outros na organização. Reconhecendo esse ponto fraco, o presidente assegurou-se de que seus subordinados diretos fossem bons em trabalhar com pessoas e assim compensassem as limitações dele. Esse arranjo funcionava bem.

Em 1975, Philip Bonnevie foi promovido a uma posição em que devia se reportar a Gibbons. Mantendo o padrão anterior, o presidente escolhera Bonnevie porque ele tinha um histórico e uma reputação de ser bom no relacionamento com pessoas. Ao fazer essa escolha, no entanto, o presidente não percebeu que, em sua rápida ascensão na organização, Bonnevie sempre tinha tido chefes entre bons e excelentes. Nunca fora obrigado a gerir um relacionamento com um chefe difícil. Em retrospecto, Bonnevie admite que nunca pensou que gerenciar o chefe fosse parte do trabalho.

Quatorze meses após ter começado a trabalhar para Gibbons, Bonnevie foi demitido. Durante aquele trimestre a empresa registrou o primeiro prejuízo líquido em sete anos. Muitos dos que acompanharam de perto esses acontecimentos disseram não compreender o que aconteceu. Contudo, o que se sabe é o seguinte: quando a empresa estava lançando um novo produto – processo que exige que grupos de vendas, engenharia e fabricação coordenem muito cuidadosamente as decisões –, houve uma série de mal-entendidos e ressentimentos entre Gibbons e Bonnevie.

Por exemplo, Bonnevie alega que Gibbons tivera conhecimento e aceitara a decisão de Bonnevie de empregar um novo tipo de máquina para fabricar o produto; Gibbons jura que não. Além disso, Gibbons alega que deixou claro a Bonnevie que o lançamento do produto era importante demais a curto prazo para que se assumissem quaisquer grandes riscos.

Como resultado desses mal-entendidos, o planejamento deu errado: foi construída uma nova fábrica que não conseguiu produzir o novo produto, como projetado pela engenharia, no volume desejado pelas vendas, ao preço que fora acordado pelo comitê executivo. Gibbons culpou Bonnevie pelo erro. Bonnevie culpou Gibbons.

Em resumo

Gerenciar nosso *chefe*? Não seria isso mera manipulação? O cúmulo da bajulação? Na verdade, gerimos nosso chefe por boas razões: a fim de obter recursos para fazer um trabalho melhor, não só para nós, mas para eles mesmos e para a empresa. Buscamos ativamente uma relação de trabalho saudável e produtiva com base em respeito e compreensão mútuos – compreensão de forças, fraquezas, metas, estilos de trabalhar e necessidades, nossos e de nosso chefe. Eis o que pode acontecer se não fizermos isso:

Exemplo: Um novo presidente com um estilo de trabalho formal substitui alguém que tinha sido mais solto, mais intuitivo. O novo presidente preferia relatórios escritos e reuniões estruturadas. Um de seus gerentes achou que isso era muito controlador. Raramente enviava informação contextual e muitas vezes era surpreendido por questões que não tinha previsto. Seu chefe achava que as reuniões com ele eram ineficientes e frustrantes. O gerente teve que sair.

Em contrapartida, eis como a sensibilidade de outro gestor a esse mesmo estilo de chefia realmente deu certo:

Exemplo: O gerente identificou os tipos e a frequência de informações que o presidente queria. Ele relatava o que se passava em todos os níveis e pautas de discussão. O resultado? Reuniões altamente produtivas e soluções de problemas ainda mais inovadoras do que com seu chefe anterior.

Gestores muitas vezes não se dão conta de quanto seus chefes dependem deles. Precisam da cooperação, da confiabilidade e da honestidade de seus subordinados diretos. Muitos gestores também não percebem quanto *eles* dependem de seus chefes – para se conectar com o resto da organização, para estabelecer prioridades e para obter recursos cruciais.

> Ao reconhecer essa dependência mútua, os gestores eficazes buscam informação sobre as preocupações de seus chefes e são sensíveis a seu estilo de trabalho. Também compreendem como as próprias atitudes em relação à autoridade são capazes de sabotar o relacionamento. Alguns veem o chefe como inimigo e lutam com ele a todo instante; outros são condescendentes demais, vendo o chefe como um pai ou uma mãe que sabe tudo.

É claro que se poderia alegar que o problema foi causado pela incapacidade de Gibbons de gerenciar seus subordinados. Mas também se poderia afirmar que o problema estava relacionado com a incapacidade de Bonnevie de gerenciar seu chefe – lembrando que Gibbons não estava tendo dificuldade com outros subordinados. Além disso, considerando o preço pago por Bonnevie (ser demitido e ter a reputação na empresa severamente comprometida), pouco consolo haveria em dizer que Gibbons era um mau gestor. Todos já sabiam disso.

Acreditamos que a situação poderia ter evoluído de modo diferente se Bonnevie houvesse se dedicado mais a compreender Gibbons e a gerir seu relacionamento com ele. Nesse caso, a incapacidade de gerenciar "de baixo para cima" saiu especialmente cara. A empresa perdeu entre 2 e 5 milhões de dólares e a carreira de Bonnevie, ao menos em caráter temporário, foi interrompida. Muitos casos, menos custosos do que esse, provavelmente ocorrem com regularidade em todas as grandes corporações, e o efeito cumulativo pode ser muito destrutivo.

Interpretando mal o relacionamento entre chefe e subordinado

As pessoas costumam descartar histórias assim como sendo meros casos de conflito de personalidades. Como duas pessoas podem ocasionalmente ser incapazes de trabalhar juntas por conta de diferenças temperamentais, essa seria uma descrição compatível. Porém, com mais frequência, descobrimos que um conflito de personalidades é apenas parte do problema – às vezes bem pequena.

Na prática

Você pode se beneficiar dessa dependência mútua e desenvolver um relacionamento muito produtivo com seu chefe focando em:

- **estilos de trabalho compatíveis.** Chefes processam informação de modos diferentes. Os "ouvintes" preferem ser informados pessoalmente, para poderem fazer perguntas. Os "leitores" querem primeiro processar informação escrita e depois reunir-se para discuti-la.

  O estilo de tomada de decisões também varia. Alguns chefes ficam muito envolvidos. Mantenha contato frequente com eles. Outros preferem delegar. Informe-os sobre decisões importantes que você já tomou.

- **expectativas mútuas.** Não suponha que sabe o que o chefe espera. Descubra o que é. Com alguns chefes, escreva um esboço detalhado de seu trabalho para que eles aprovem. Com outros, a chave são discussões cuidadosamente planejadas.

Além disso, comunique as *suas* expectativas para descobrir se elas são realistas. Convença o chefe a aceitar as mais importantes.

- **fluxo de informações.** Gestores não raro subestimam o que seus chefes precisam saber – e o que eles *de fato* sabem. Mantenha o chefe informado mediante processos que correspondam a seu estilo. Seja direto tanto nas boas quanto nas más notícias.

- **confiabilidade e honestidade.** Subordinados confiáveis prometem o que são capazes de cumprir e não escondem a verdade ou minimizam questões difíceis.

- **bom uso do tempo e de recursos.** Não desperdice o tempo do seu chefe com questões triviais. Aproveite seletivamente o tempo e os recursos dele para atingir os objetivos mais importantes – os seus, os dele e os da empresa.

Bonnevie não só tinha uma personalidade diferente da de Gibbons, ele também tinha suposições e expectativas irreais sobre a própria natureza do relacionamento entre chefe e subordinado. Especificamente, não reconhecia que seu relacionamento com Gibbons envolvia uma *dependência mútua* entre dois seres humanos *falíveis*. Ao não reconhecer isso, um gestor ou evita tentar gerenciar seu relacionamento com o chefe, ou o faz de maneira insatisfatória.

Algumas pessoas se comportam como se o chefe não fosse muito dependente delas. Não conseguem ver quanto ele precisa de ajuda e cooperação para realizar seu trabalho com eficácia. Esses profissionais se recusam a reconhecer que o chefe pode ser gravemente prejudicado por suas ações e que ele precisa da cooperação, confiabilidade e honestidade deles.

Algumas pessoas acreditam que não são muito dependentes do chefe. Elas desconsideram quanta ajuda e informação precisam receber dele para poder alcançar um bom desempenho. Essa visão superficial é particularmente prejudicial quando o trabalho e as decisões de um gestor afetam outros setores da organização, como foi o caso de Bonnevie. O chefe imediato de um gestor pode exercer um papel crucial na ligação do gestor com o resto da organização ao assegurar os recursos dos quais ele necessita para se sair bem. Mas alguns gestores têm a necessidade de se verem como praticamente autossuficientes, como se não precisassem da informação e dos recursos críticos que um chefe pode suprir.

Muitos gestores, como Bonnevie, supõem que o chefe saberá, de forma mágica, de que informação ou ajuda seus subordinados precisam e que lhes dará. Certamente, alguns chefes fazem um excelente trabalho cuidando de seus subordinados dessa maneira, porém, para um gestor, esperar isso de todos os chefes é perigosamente irreal. Uma expectativa mais razoável por parte de gestores é a de que receberão uma ajuda modesta – afinal, chefes são humanos. Os gestores mais eficazes aceitam esse fato e assumem a responsabilidade primária por sua carreira e seu desenvolvimento. Eles fazem questão de buscar a informação e a ajuda de que necessitam para fazer seu trabalho em vez de esperar que o chefe as proveja.

À luz de tudo isso, parece-nos que a condução de uma situação de dependência mútua entre seres humanos falíveis requer o seguinte:

1. que você tenha um bom entendimento da outra pessoa e de você mesmo, especialmente no que diz respeito a pontos fortes e fracos, estilos de trabalho e necessidades; e
2. que você use essa informação para desenvolver e gerir um relacionamento de trabalho saudável – compatível com os estilos e recursos dos dois, que se caracterize por expectativas recíprocas e que satisfaça as necessidades mais cruciais da outra pessoa.

Compreendendo o chefe

Para gerenciar o seu chefe você deve saber interpretar o papel dele e seu contexto, assim como sua própria situação. Todos os gestores fazem isso em alguma medida, mas muitos não de modo suficientemente meticuloso.

No mínimo, você precisa avaliar os objetivos de seu chefe, as pressões que atuam sobre ele, seus pontos fortes e fracos. Quais são os objetivos pessoais e organizacionais dele e quais são as pressões que sofre, especialmente as do chefe dele e de outros no mesmo nível? Quais são suas grandes habilidades e suas fraquezas? Qual é seu estilo de trabalho? Ele gosta de receber informação por memorandos, em reuniões formais ou por telefone? Progride enfrentando conflitos ou tenta minimizá-los? Sem essas informações um gestor está num voo cego ao lidar com o chefe e conflitos desnecessários, mal-entendidos e problemas são inevitáveis.

Numa situação que estudamos, um gerente de marketing com um registro de desempenho superior foi contratado como vice-presidente "para resolver problemas de marketing e vendas". A empresa, que estava tendo dificuldades financeiras, fora adquirida recentemente por uma corporação maior. O presidente estava ansioso por reverter a situação e deu ao novo vice-presidente de marketing liberdade de ação, ao menos de início. Com base em sua experiência anterior, o novo vice-presidente diagnosticou corretamente que a empresa precisava atingir uma participação maior no mercado e que era necessária uma forte gestão de produto para conseguir isso. Seguindo essa lógica, tomou algumas decisões referentes a preços, destinadas a aumentar em muito o volume dos negócios.

No entanto, quando as margens de lucro diminuíram e a situação financeira não melhorou, o presidente aumentou a pressão sobre o novo vice-presidente. Acreditando que a situação se corrigiria depois por si mesma assim que a empresa recuperasse uma fatia do mercado, o vice-presidente resistiu à pressão.

Como, no segundo trimestre, as margens e os lucros ainda não tinham melhorado, o presidente assumiu o controle direto das decisões quanto a preços e pôs todos os itens num nível de preço que garantisse margem, independentemente do volume das vendas. O novo vice-presidente começou a se considerar excluído pelo presidente e o relacionamento entre os dois se deteriorou. Infelizmente, o novo esquema de preços do presidente tampouco conseguiu aumentar as margens e no quarto trimestre tanto o presidente quanto o vice-presidente foram demitidos.

O que o novo vice-presidente não sabia até que já fosse tarde demais era que melhorar o marketing e as vendas fora apenas *um* dos objetivos do presidente. Seu objetivo mais imediato havia sido tornar a empresa mais lucrativa – rapidamente.

O novo vice-presidente tampouco sabia que o chefe apostara nessa prioridade de curto prazo por razões tanto de negócios quanto pessoais. O presidente tinha sido um forte defensor da aquisição e sua credibilidade pessoal estava em jogo.

O vice-presidente cometeu três erros básicos. Ele avaliou as informações que lhe passaram como verdadeiras, fez suposições em áreas sobre as quais não tinha informação e – o que foi mais prejudicial – nunca tomou a iniciativa de esclarecer quais eram os objetivos de seu chefe. Como resultado, acabou adotando ações que na verdade não correspondiam às prioridades e aos objetivos do presidente.

Gestores que trabalham de maneira eficaz com seus superiores não se comportam dessa maneira. Eles buscam informação quanto aos objetivos do chefe, seus problemas e pressões. Estão atentos a oportunidades para questionar o chefe e outros em volta dele ou para testar suas suposições. Prestam atenção nas deixas sugeridas pelo comportamento do chefe. Embora seja imperativo que façam isso sobretudo quando começam a trabalhar com um novo chefe, gestores eficazes também o fazem numa base contínua, porque reconhecem que prioridades e preocupações podem mudar.

Ser sensível ao estilo de trabalho do chefe pode ser crucial, especialmente quando seu superior é novo no cargo. Por exemplo, um novo presidente que era organizado e formal em seus métodos substituiu um outro que era informal e intuitivo. O novo presidente trabalhava melhor quando recebia relatórios por escrito. Também preferia reuniões formais com pautas preestabelecidas.

Um dos gestores de sua divisão percebeu essa sua necessidade e trabalhou com o novo presidente para identificar os tipos e a frequência de informação e relatórios que o presidente queria. Esse gestor também fazia questão de enviar dados de campo e pautas preparadas antecipadamente para discussão. Tinha descoberto que, com esse tipo de preparação, suas reuniões eram muito úteis – seu novo chefe era até mais eficaz em problemas levantados em brainstorming do que fora seu predecessor mais informal e intuitivo.

Em contrapartida, outro gestor de divisão nunca compreendeu totalmente como o estilo de trabalho de seu novo chefe diferia do de seu predecessor. Aquilo que via de diferente era interpretado como excesso de controle. Como resultado, raras vezes enviava ao novo presidente a informação contextual de que ele necessitava e o presidente nunca se sentia totalmente preparado para reuniões com o gestor. Na verdade, quando se reuniam, o presidente passava grande parte do tempo tentando obter informações que ele achava que deveria ter recebido antes. Para o chefe, essas reuniões eram frustrantes e ineficientes, e o subordinado muitas vezes era pego desprevenido pelas perguntas feitas pelo presidente. Por fim, esse gestor de divisão pediu demissão.

A diferença entre os dois gestores de divisão aqui descritos não era tanto de capacidade ou adaptabilidade. Mas sim que um deles era mais sensível que o outro ao estilo de trabalho de seu chefe e às implicações de suas necessidades.

Compreendendo a si mesmo

O chefe é somente metade do relacionamento. Você é a outra metade, e também a parte sobre a qual tem controle mais direto. Desenvolver um relacionamento de trabalho eficaz requer, portanto, que você conheça suas necessidades, forças e fraquezas e seu estilo pessoal.

Você não vai mudar a estrutura básica de sua personalidade nem a de seu chefe. Mas pode se tornar mais consciente dos fatores que impedem ou facilitam trabalhar com seu chefe e, com essa consciência, adotar ações que tornem o relacionamento mais eficaz.

Por exemplo, num caso que observamos, um gestor e seu superior enfrentavam problemas toda vez que discordavam. A reação típica do chefe era endurecer a posição até o exagero. A reação do gestor era então contra-argumentar mais alto, intensificando a contundência de sua opinião. Ao fazer isso, ele canalizava sua raiva nos ataques que fazia às falácias lógicas que via nas suposições do chefe. E o chefe, por sua vez, ficava ainda mais inflexível na sustentação de sua posição original. Previsivelmente, o resultado dessa escalada era o subordinado evitar, sempre que possível, levantar qualquer tópico que criasse um conflito potencial com o chefe.

Ao discutir esse problema com os colegas, o gestor revelou que sua reação ao chefe era típica do modo como ele geralmente reagia a contra-argumentos, mas com uma diferença: ela poderia impressionar seus colegas, mas não o chefe. Como as tentativas de discutir esse problema com o chefe não obtiveram sucesso, ele concluiu que o único jeito de mudar a situação era lidar com as próprias reações instintivas. Sempre que os dois chegavam a um impasse, ele controlava sua impaciência e sugeria que fizessem uma pausa e pensassem sobre o assunto antes de se reunirem outra vez. Em geral, quando retomavam a discussão, tinham digerido suas diferenças e estavam mais aptos a trabalhar com elas.

Atingir esse nível de autoconsciência e agir com base nele é difícil, mas não impossível. Por exemplo, ao refletir sobre suas experiências passadas, um jovem gestor constatou que não era muito bom em lidar com questões difíceis e emocionais nas quais outras pessoas estivessem envolvidas. Por não gostar dessas situações e perceber que suas reações instintivas a elas raramente eram boas, desenvolveu o hábito de conversar com seu chefe sempre que surgia um problema assim. Essas conversas traziam à tona ideias e abordagens que o gestor não tinha considerado. Em muitos casos, eles também identificavam quais possíveis medidas o chefe poderia tomar para ajudar.

Embora o relacionamento entre chefe e subordinado seja de dependência recíproca, o subordinado costuma ser mais dependente do chefe do que o contrário. Essa dependência tem como resultado o subordinado sentir certa frustração, às vezes raiva, quando suas ações ou opções são restringidas pelas decisões do chefe. Esse é um aspecto normal da vida e ocorre no melhor dos relacionamentos. O modo como um gestor lida com essas frustrações depende muito de sua predisposição quanto à dependência de quem detém a autoridade.

A reação instintiva de algumas pessoas nessas circunstâncias é se ressentir da autoridade do chefe e se rebelar contra suas decisões, por vezes fazendo o conflito ir além do que seria razoável. Ao ver o chefe quase como um inimigo institucional, esse tipo de gestor vai frequentemente, sem ter consciência disso, brigar com o chefe só pelo conflito em si. As reações do subordinado ao ser restringido muitas vezes são fortes, e às vezes impulsivas. Ele vê o chefe como alguém que, em virtude de seu papel, é um empecilho ao progresso, um obstáculo a ser contornado ou, na melhor hipótese, tolerado.

Psicólogos chamam esse padrão de reações de comportamento contradependente. Embora para a maioria dos chefes seja difícil lidar com uma pessoa contradependente e esta em geral tenha uma história de relacionamentos tensos com os superiores, esse tipo de gestor é capaz de ter ainda mais problemas com um chefe que tenda a ser incisivo ou autoritário. Quando o gestor age movido por seus sentimentos negativos, muitas vezes de maneira sutil e não verbal, o chefe às vezes torna-se o inimigo. Percebendo a hostilidade latente do subordinado, o chefe deixará de confiar nele ou em sua capacidade de julgamento e depois disso se comportará de modo mais fechado.

Paradoxalmente, um gestor com esse tipo de predisposição quase sempre é bom na gestão de seu pessoal. Ele muitas vezes fará o possível e o impossível para dar apoio a eles e não hesitará em defender seus interesses.

No outro extremo estão os gestores que engolem a raiva e se comportam docilmente quando o chefe toma uma decisão que eles sabem estar errada. Esses gestores concordarão com o chefe mesmo quando a discordância fosse bem-vinda ou quando o chefe facilmente mudasse a decisão se recebesse mais informação. Como não se relacionam com a situação específica que está ocorrendo, suas reações são tão exageradas quanto as dos gestores contradependentes. Em vez de considerar o chefe um inimigo, essas pessoas renegam sua raiva – o outro extremo – e tendem a vê-lo como um progenitor cheio de sabedoria, que deve saber o que é melhor para eles, que assume a responsabilidade pela carreira deles e os treina em tudo que precisam saber e que ainda os protege dos colegas excessivamente ambiciosos.

Tanto a contradependência quanto a superdependência levam os gestores a ter uma noção irreal do que é um chefe. Nos dois casos, eles ignoram que o chefe, como qualquer outra pessoa, é imperfeito e falível. Não dispõe de tempo ilimitado, não tem conhecimento enciclopédico ou percepção extrassensorial nem é um inimigo perverso. Tem as próprias pressões e preocupações, que às vezes estão em desacordo com os desejos do subordinado – muitas vezes, por boas razões.

Alterar predisposições em relação a autoridade, especialmente nos casos extremos, é quase impossível sem uma psicoterapia intensiva (a teoria e a pesquisa psicanalítica sugerem que essas predisposições estão profundamente arraigadas na personalidade e na história de vida de uma pessoa). No entanto, ter consciência desses extremos e da distância entre eles pode ser muito útil para compreender aonde leva sua predisposição e quais são as implicações de como você costuma se comportar em relação a seu chefe.

Se, por um lado, você acredita que tem alguma tendência para a contradependência, pode compreender e até prever quais serão suas próprias reações, inclusive as mais exageradas. Se, por outro lado, você acredita que tem alguma tendência para uma superdependência, poderia questionar até que ponto essa superdocilidade, ou incapacidade de enfrentar as diferenças que realmente existem, está fazendo com que você e seu chefe sejam menos eficazes.

Desenvolvendo e gerenciando o relacionamento

Com uma clara compreensão de si mesmo e de seu chefe, você pode estabelecer um modo de trabalharem juntos que seja adequado a ambos, que se caracterize por expectativas mútuas inequívocas e que ajude os dois a serem mais produtivos e eficazes. O quadro Checklist para gerenciar seu chefe, na página seguinte, resume alguns aspectos desse relacionamento e no que ele consiste. A seguir temos mais alguns.

Checklist para gerenciar seu chefe

Assegure-se de que você compreende seu chefe e o contexto em que atua. Inclusive:
☐ metas e objetivos
☐ pressões
☐ forças, fraquezas, pontos cegos
☐ estilo de trabalho preferido

Avalie a si mesmo e suas necessidades, inclusive:
☐ forças e fraquezas
☐ estilo pessoal
☐ predisposição em relação à dependência de figuras de autoridade

Desenvolva e mantenha um relacionamento que:
☐ seja compatível com as necessidades e os estilos dos dois
☐ caracterize-se por expectativas mútuas
☐ mantenha seu chefe informado
☐ baseie-se em confiabilidade e honestidade
☐ use seletivamente o tempo e os recursos de seu chefe

Estilos de trabalho compatíveis

Acima de tudo, um bom relacionamento profissional com o chefe acomoda diferenças no estilo de trabalho. Por exemplo, numa situação que estudamos, um gestor (cujo relacionamento com o superior era relativamente bom) se deu conta de que durante as reuniões seu chefe muitas vezes ficava desatento e às vezes agia com rispidez. O estilo do próprio subordinado tendia a ser discursivo e exploratório. Ele frequentemente se desviava do item em discussão para tratar de fatores contextuais, abordagens alternativas, etc. Seu chefe preferia discutir problemas com um mínimo de detalhes contextuais e ficava impaciente e distraído sempre que seu subordinado desviava-se da questão imediata.

Ao reconhecer essa diferença de estilo, o gestor tornou-se mais conciso e mais direto durante as reuniões com o chefe. Para se ajudar a fazer isso, ele preparava antes da reunião breves pautas, que usava como guias. Sempre que achava que uma digressão era necessária, ele explicava a razão.

Essa pequena mudança no próprio estilo tornou as reuniões mais eficazes e muitos menos frustrantes para os dois.

Subordinados podem ajustar seu estilo adaptando-se ao método de recebimento de informações preferido pelo chefe. Peter Drucker divide chefes em "ouvintes" e "leitores". Alguns gostam de receber informações em forma de relatório, para que possam ler e estudá-las. Outros trabalham melhor com informações e relatos apresentados pessoalmente, para que possam fazer perguntas. Como destaca Drucker, as implicações são óbvias. Se seu chefe é ouvinte, você deve informá-lo pessoalmente e *depois* entregar um memorando. Se é leitor, você deve apresentar itens ou sugestões importantes num memorando ou relatório e *depois* discuti-los.

É possível fazer outros ajustes, de acordo com o estilo de tomada de decisões do chefe. Alguns preferem envolver-se em decisões e problemas à medida que surgem. São gestores de alto envolvimento que preferem se manter no controle da operação. Em geral, as necessidades deles (e as suas) são melhor satisfeitas se você trocar ideias com eles sobre determinados casos à medida que ocorrem. Um chefe que tem necessidade de estar envolvido o fará de qualquer maneira, assim é vantajoso incluí-lo por iniciativa sua. Outros chefes preferem delegar – não querem estar envolvidos. Esperam que você só vá até eles para tratar de grandes problemas e que os informe sobre qualquer mudança importante.

A criação de um relacionamento compatível envolve também a ação de um se valer da força do outro e um compensar a fraqueza do outro. Por saber que seu chefe – o vice-presidente de engenharia – não era muito bom em monitorar os problemas dos funcionários, um gestor que estudamos fez questão de fazer isso ele mesmo. A aposta era alta: os engenheiros e técnicos eram todos membros de um sindicato, a empresa trabalhava com base em contratos com clientes e tinha passado por uma greve muito séria recentemente.

O gestor trabalhou em estreita associação com seu chefe, com pessoas dos departamentos de programação e de recursos humanos, para garantir que problemas potenciais fossem evitados. Desenvolveu também um arranjo informal pelo qual seu chefe repassaria com ele toda proposta de mudança nas políticas e atribuições de pessoal antes de se empreender uma ação. O chefe valorizou esse seu conselho e deu a seu subordinado o crédito de ter melhorado tanto o desempenho da divisão quanto o ambiente na relação entre funcionários e gestores.

Expectativas mútuas

O subordinado que passivamente supuser que sabe o que o chefe espera está procurando problemas. Claro que alguns superiores dirão quais são suas expectativas muito explicitamente e com muitos detalhes. Mas a maioria não o faz. E, embora muitas corporações tenham sistemas que proveem uma base para comunicação de expectativas (como processos de planejamento formais, revisões de planos de carreira e de avaliações de desempenho), esses sistemas nunca funcionam perfeitamente. E também, entre essas revisões formais, as expectativas invariavelmente mudam.

No fim das contas, é sobre o subordinado que recai o ônus de descobrir quais são as expectativas do chefe. Elas podem ser amplas (como os tipos de problema dos quais o chefe quer ser informado e quando), assim como muito específicas (como quando um determinado projeto deve ser concluído e os tipos de informação de que o chefe precisa enquanto isso).

Pode ser difícil ter um chefe que costuma ser vago, ou não explícito, ao expressar suas expectativas. Mas gestores eficazes encontram um modo de obter essa informação. Alguns esboçarão um memorando detalhado cobrindo aspectos principais de seu trabalho e o entregarão ao chefe para aprovação. A isso se seguirá uma discussão cara a cara na qual repassarão cada item do memorando. Uma discussão como essa muitas vezes traz à tona praticamente todas as expectativas do chefe.

Outros gestores eficazes lidarão com um chefe inexplícito dando início a uma série contínua de discussões informais sobre uma "boa gestão" e "nossos objetivos". Outros obterão informações úteis indiretamente, por intermédio de alguém que costumava trabalhar para esse chefe, e por meio dos sistemas de planejamento formais em que o chefe assume compromissos com o próprio superior. Qual abordagem você vai escolher dependerá, é claro, do que você entendeu ser o estilo de seu chefe.

Desenvolver um conjunto de expectativas mútuas viáveis requer também que você comunique ao chefe quais são as suas próprias expectativas, descubra se elas são realistas e influencie o chefe a aceitar aquelas que são importantes para você. Ser capaz de influenciar o chefe para que ele valorize suas expectativas pode ser particularmente importante se ele for um superempreendedor. Um chefe desse tipo muitas vezes estabelece altos padrões irreais que precisam ser trazidos à realidade.

Um fluxo de informação

A quantidade de informação que um chefe precisa ter quanto ao que o subordinado está fazendo pode variar significativamente, dependendo do estilo do chefe, da situação em que está e da confiança que ele tem no subordinado. Mas não é incomum que um chefe precise de mais informação do que aquela que o subordinado forneceria naturalmente, ou que o subordinado pense que o chefe está sabendo mais do que de fato está. Gestores eficazes reconhecem que provavelmente subestimam o que seus chefes precisam saber e se asseguram de achar caminhos para mantê-los informados mediante processos compatíveis com seus estilos.

Gerir o fluxo de informações de baixo para cima é particularmente difícil se o chefe não gosta de ouvir problemas. Embora muita gente negue, chefes com frequência mandam sinais de que só querem saber de notícias boas. Eles demonstram grande insatisfação – em geral, de forma não verbal – quando alguém lhes relata um problema. Podem até mesmo ignorar as realizações individuais e avaliar mais favoravelmente subordinados que não levam problemas até eles.

Entretanto, para o bem da organização, do chefe e do subordinado, um superior precisa ter conhecimento das falhas tanto quanto dos sucessos. Alguns subordinados lidam com um chefe-que-só-quer-notícias-boas, encontrando maneiras indiretas de lhe passar a informação necessária, como, por exemplo, um sistema de gestão de informação. Outros cuidarão a que problemas potenciais, tanto na forma de boas surpresas quanto de más notícias, sejam comunicados imediatamente.

Confiabilidade e honestidade

Poucas coisas são mais desqualificantes para um chefe do que um subordinado do qual ele não pode depender, em cujo trabalho não pode confiar. Quase ninguém é intencionalmente não confiável, porém muitos gestores o são de forma inadvertida devido a desatenção ou incerteza quanto às prioridades do chefe. Assumir o compromisso de uma data de entrega otimista pode agradar um superior a curto prazo, mas se tornará motivo de insatisfação se não for cumprido. É difícil para um chefe confiar num subordinado que seguidamente não cumpre prazos. Como disse um presidente (descrevendo um subordinado): "Eu preferia que ele fosse mais consistente, mesmo se obtivesse menos sucessos grandiosos – pelo menos eu poderia confiar nele."

Também são poucos os gestores intencionalmente desonestos com seu chefe. Mas é fácil encobrir a verdade e minimizar as dificuldades. Preocupações atuais quase sempre tornam-se futuros e surpreendentes problemas. É quase impossível para os chefes trabalharem com eficácia se não puderem confiar num relato razoavelmente preciso de seus subordinados. Por minar toda a credibilidade, a desonestidade é talvez o traço mais perturbador que um subordinado pode ter. Sem um nível básico de confiança, um chefe será obrigado a checar todas as decisões de um subordinado, o que faz com que seja difícil delegar tarefas a ele.

Bom uso de tempo e recursos

Seu chefe provavelmente é tão limitado quanto você em seu estoque de tempo, energia e influência. Toda solicitação que você faz a seu chefe consome alguns desses recursos, por isso é de bom senso usar esses recursos com comedimento. Isso talvez soe óbvio, porém muitos gestores desperdiçam o tempo dos chefes (e parte da própria credibilidade) em questões relativamente triviais.

Sem dúvida, alguns subordinados vão se ressentir de que, além de todos os seus outros deveres, também precisam achar tempo e energia para gerir seu relacionamento com o chefe. Esses gestores não se dão conta da importância dessa atividade e de como ela pode simplificar seu trabalho ao eliminar problemas potencialmente graves. Gestores eficazes reconhecem que essa parte de seu trabalho é legítima. Considerando a si mesmos como os responsáveis definitivos por aquilo que vão realizar na organização, sabem que precisam estabelecer e gerir relacionamentos com todos aqueles de quem dependem – e isso inclui o chefe.

Publicado originalmente em janeiro de 1980.

9

Como líderes criam e usam redes de relacionamentos

Herminia Ibarra e Mark Lee Hunter

QUANDO HENRIK BALMER TORNOU-SE GERENTE de produção e membro da diretoria de uma empresa de cosméticos recém-adquirida, a última coisa que tinha em mente era melhorar seu networking. O principal problema que enfrentava era tempo: onde encontraria a quantidade de horas necessária para conduzir sua equipe a uma grande otimização de processos, para depois pensar em questões estratégicas, como expansão do negócio? A única maneira de arranjar esse tempo e ainda chegar em casa num horário razoável para conseguir ficar com a família seria se trancar – literalmente – em sua sala. No entanto, havia questões do dia a dia a resolver, como um recorrente conflito com seu diretor de vendas sobre pedidos customizados que comprometiam a eficiência da produção. O networking, que Henrik definia como a desagradável tarefa de trocar favores com estranhos, era um luxo que ele não podia se permitir. Mas, quando uma nova aquisição foi apresentada à junta diretora sem sua contribuição, ele se deu conta abruptamente de que estava fora do circuito – não só dentro da empresa, mas fora dela também –, num momento em que seu futuro na organização estava em jogo.

O caso de Henrik não é incomum. Nos dois últimos anos, acompanhamos um grupo de 30 gestores atravessando o que chamamos de transição de liderança, um ponto de inflexão em suas carreiras que os desafia a repensar seu papel e a si mesmos, e descobrimos que o networking – a construção de uma rede de contatos pessoais que forneçam suporte, feedback, insights, recursos e informações – é simultaneamente um dos mais autoevidentes e mais temidos desafios dos aspirantes a líder.

Esse desconforto é compreensível. Em geral, as pessoas ascendem a gestores por força de um forte domínio técnico de seu trabalho e de um empenho meticuloso em alcançar os objetivos da equipe. Quando desafiados a abordar questões estratégicas concernentes ao negócio como um todo, indo além das especialidades de sua função, muitos novos líderes demoram a compreender que isso vai incluir tarefas de relacionamento – e não análises. Eles tampouco compreendem facilmente que trocas e interações com uma malha diversificada de atuais e potenciais partes interessadas (stakeholders) não são desvios de seu "trabalho real": estão, na verdade, no centro de seu novo papel de liderança.

Tal como Henrik (cuja verdadeira identidade foi resguardada, assim como nos outros casos que citaremos), uma maioria de gestores com quem trabalhamos dirá que acham networking insincero ou manipulador – no melhor dos casos, uma forma elegante de usar as pessoas. Não é surpresa que, para cada líder que instintivamente constrói e mantém uma rede útil, vemos vários que lutam para superar essa resistência inata. Só que a alternativa ao networking é o fracasso – ou você não vai alcançar uma posição de liderança, ou não será bem-sucedido nela.

Observando como nossos líderes emergentes abordavam essa tarefa assustadora, descobrimos que três formatos interdependentes de redes – *operacional*, *pessoal* e *estratégica* – desempenhavam um papel vital durante a transição para o novo cargo. O primeiro os ajudava a coordenar responsabilidades internas correntes, o segundo lhes proporcionava desenvolvimento pessoal e o terceiro expandia seu olhar para novas direções no negócio e para os stakeholders que precisavam arregimentar. Descobrimos que, embora nossos gestores diferissem bastante no uso das redes

> ## Em resumo
>
> O que distingue os líderes bem-sucedidos? O networking: uma rede de contatos pessoais que proveem suporte, feedback e recursos necessários para suas realizações.
>
> Contudo, muitos líderes evitam o networking. Pensam que não têm tempo para isso ou desdenham essas ações julgando-as manipuladoras.
>
> Para obter sucesso como líder, Ibarra e Hunter recomendam a construção de três tipos de rede de relacionamentos:
>
> - **Operacional** – pessoas necessárias para realizar suas tarefas de rotina.
>
> - **Pessoal** – pessoas fora da sua organização que tenham mentalidade afim e possam ajudá-lo a se aprimorar.
>
> - **Estratégica** – pessoas fora de seu controle que lhe permitam atingir metas-chave da organização.
>
> Você precisa de todos os três tipos de rede, mas, se quiser ter sucesso *real*, tem de dominar a rede estratégica – manter contato regular com pessoas capazes de abrir seus olhos para novas oportunidades de negócio e de ajudá-lo a explorá-las. Com uma boa rede estratégica, você verá seu desempenho – e o da sua empresa – decolar.

operacional e pessoal, quase todos subutilizavam a rede estratégica. Neste artigo, descrevemos características fundamentais de cada formato de rede (resumidas no quadro Os três formatos de rede, na página 146) e, com base nas experiências dos casos estudados, explicamos como a estratégia trilateral pode tornar-se um pilar do plano de desenvolvimento de novos líderes.

Rede operacional

Todo gestor precisa construir boas relações de trabalho com as pessoas que podem ajudá-lo a exercer sua função. O número e o alcance

Na prática

Os líderes mais eficazes compreendem as diferenças entre os três tipos de rede e sabem construí-las.

	Rede operacional	Rede pessoal	Rede estratégica
Propósito	Realizar o trabalho com eficiência.	Desenvolver aptidões profissionais mediante coaching e mentoria; trocar referências importantes e informações de fora.	Conceber prioridades e desafios futuros; obter apoios de stakeholders para tal.
Como encontrar as pessoas	Identifique os indivíduos que são capazes de bloquear ou alimentar um projeto.	Participe de associações profissionais, encontros de ex-alunos, clubes e comunidades de interesse pessoal.	Identifique relacionamentos laterais e verticais com outros gestores de mesma função na sua unidade – pessoas que estão fora de seu controle imediato – que possam ajudá-lo a determinar como seu papel e sua contribuição se encaixam no quadro geral da organização.

Alavancando suas redes

Networking dá trabalho. Veja como facilitar o processo:

- **Ajuste sua mentalidade.** Aceite que o networking é um dos requisitos mais importantes da liderança. Para superar seus anseios, procure se espelhar em alguém que você respeita e que trabalhe com redes eficaz e eticamente. Observe como essa pessoa se vale das redes de relacionamentos para atingir suas metas.

- **Realoque seu tempo.** Pratique a arte de delegar tarefas, para ter mais tempo para cultivar redes.

- **Estabeleça conexões.** Crie motivos para interagir com pessoas fora da sua função ou da sua empresa; por exemplo, aproveitando interesses sociais para abordar questões estratégicas.

> ***Exemplo:*** Uma consultora de investimentos convidava clientes-chave para ir ao teatro (uma de suas paixões) várias vezes por ano. Graças a esses eventos, ela abriu o próprio negócio e aprendeu coisas sobre as empresas de seus clientes que geraram oportunidades e ideias para outras divisões em sua empresa.
>
> - **Dê e receba continuamente.** Não espere até estar precisando muito pedir um favor a alguém. Aproveite toda oportunidade para oferecer e receber favores dos seus contatos, quer precise ou não de ajuda naquele momento.

das pessoas envolvidas pode ser impressionante – essas redes operacionais vão além dos subordinados e superiores, abarcando outros gestores da sua unidade operacional, atores internos que tenham o poder de bloquear ou alimentar um projeto e pessoas-chave do lado de fora, como fornecedores, distribuidores e clientes. O propósito desse tipo de rede é assegurar coordenação e cooperação entre pessoas que devem se conhecer e confiar umas nas outras para realizar suas tarefas. Isso nem sempre é fácil, mas é relativamente simples, porque cada tarefa fornece um foco e um critério claros para a participação na rede: ou você é necessário para a tarefa e ativo em sua realização, ou não é.

Embora a rede operacional fosse o formato que mais naturalmente ocorreu aos gerentes que estudamos, quase todos eles tinham pontos cegos cruciais em relação a pessoas e grupos dos quais dependiam para fazer as coisas acontecerem. Num determinado caso, Alistair, chefe da contabilidade numa empresa de empreendimentos com centenas de funcionários, foi de repente promovido pelo fundador da empresa a diretor financeiro e ganhou um assento na junta diretora. Ele era tanto o mais jovem quanto o menos experiente membro da diretoria, e sua resposta instintiva a essas novas responsabilidades foi redefinir suas credenciais funcionais. Baseando-se numa alusão do fundador de que a empresa poderia abrir o capital, Alistair empreendeu uma reorganização do departamento de contabilidade de modo a preparar os livros para serem submetidos a meticuloso escrutínio. Alistair conseguiu, brilhantemente, elevar o nível de capacitação de sua equipe, mas não percebeu que apenas uma minoria da junta de sete diretores compartilhava a ambição do fundador. Após um ano, a discussão sobre abertura do capital polarizou a diretoria e ele descobriu que todo aquele tempo estruturando a escrituração poderia ter sido mais bem empregado se tivesse sondado os diretores.

Um dos problemas em confiar exclusivamente em redes operacionais é que elas em geral são estruturadas para atingir metas determinadas, não para fazer a pergunta estratégica: "O que *deveríamos* estar fazendo?" Pela mesma razão, a opção pessoal não tem tanto peso na formação de redes operacionais quanto na de redes pessoais e estratégicas, porque aqueles relacionamentos são prescritos, em grande medida, pela estrutura do trabalho e da organização. Assim, a maioria das redes operacionais se forma dentro da organização e os laços são determinados mais pela rotina, por demandas de curto prazo. Relacionamentos formados com pessoas de fora, tais como membros da diretoria, clientes e órgãos reguladores, são diretamente relacionados a tarefas e tendem a estar ligados a restrições e demandas determinadas no escalão mais alto. Claro que um gestor pode, individualmente, optar por aprofundar e desenvolver esses laços em diferentes medidas, e todos são discretos em relação a quem ganha atenção prioritária; é a qualidade dos relacionamentos – compatibilidade e confiança mútuas – que confere à rede seu poder. Não obstante, as substanciais restrições das pessoas que integram esse tipo de rede significam que é pouco provável que essas conexões forneçam algo de valor além de ajuda às tarefas imediatas.

O gestor típico em nosso grupo estava mais preocupado em manter a cooperação dentro da rede existente do que em construir relacionamentos para enfrentar desafios fora da rotina ou imprevistos. Mas, quando um profissional assume um papel de liderança, sua rede tem de se reorientar externamente e com vistas ao futuro.

Rede pessoal

Observamos que quando pessoas que aspiram a ser líderes, como Alistair, despertam para os perigos de um foco interno demais, começam a buscar pessoas de mentalidade afim fora da organização. Ao mesmo tempo, elas tomam consciência das limitações de suas aptidões sociais, como a falta de conhecimento sobre domínios profissionais além dos seus, o que dificulta encontrar um terreno comum com pessoas fora de seus círculos usuais. Associações profissionais, grupos de ex-alunos, clubes e comunidades de interesse pessoal oferecem novas perspectivas que permitem progresso na carreira. É a isso que nos referimos como rede pessoal.

Muitos dos gestores que estudamos perguntam por que deveriam gastar um tempo precioso numa atividade que não tem relação direta com seu trabalho imediato. Por que ampliar o círculo de conhecidos ocasionais quando não há tempo nem para tarefas urgentes? A resposta é que esses contatos fornecem importantes referências e informações, além de apoio ao desenvolvimento, como coaching e mentoria. Por exemplo, um diretor de fábrica recém-nomeado, diante de uma situação que era tudo ou nada (ou mudavam o rumo, ou fechavam as portas) que estava paralisando sua equipe, entrou para uma associação empresarial – e ali conheceu um advogado que se tornou seu conselheiro jurídico na recuperação. Inspirado em seu sucesso, ele buscou na sede de sua empresa alguém que tivesse enfrentado crise semelhante. Encontrou dois mentores.

Uma rede pessoal pode ser também um lugar seguro para desenvolvimento pessoal e, como tal, pode servir de fundamento de uma rede estratégica. A experiência de Timothy, diretor de uma empresa de software de porte médio, é um bom exemplo. Tal como o pai, Timothy gaguejava. Quando tinha oportunidade de se preparar para reuniões, não havia problema, mas encontros casuais dentro e fora da empresa eram um tremendo sofrimento. Para resolver esse problema, ele começou a aceitar pelo menos dois convites por semana para reuniões sociais, o que até então sempre rejeitara. Antes de cada evento, ele perguntava quem mais iria e fazia uma pesquisa sobre os convidados, para ter ideias de assuntos. A parte mais difícil, segundo ele, era "passar pela porta". Uma vez dentro, seu interesse nas conversas o ajudava a se esquecer de si mesmo e controlar a gagueira. Aos poucos, à medida que o problema na fala diminuía, ele se dedicou a ampliar o networking para outros departamentos da empresa, pois antes se refugiara em sua área de competência. Assim como Timothy, vários dos líderes emergentes que acompanhamos usaram com sucesso a rede pessoal como um ambiente relativamente seguro para expor problemas e buscar insights para soluções – isto é, seguro em comparação com as redes estratégicas, nas quais as apostas são muito mais altas.

Redes pessoais são em grande medida externas, compostas por livres conexões com pessoas com as quais temos algo em comum. Assim, o que as torna poderosas é seu potencial de localizar referências. Segundo o famoso princípio de seis graus de separação, nossos contatos pessoais são valiosos na medida em que nos ajudam a alcançar, no menor número de conexões possível, aquela pessoa distante que tem a informação da qual precisamos.

Ao observar gestores em seus esforços para ampliar seus relacionamentos profissionais de modo que pareçam ser naturais e legítimos, vimos, repetidamente, que eles transferiam tempo e energia despendidos na rede operacional para a formação de uma rede pessoal. Para pessoas que raramente olhavam para fora da empresa, esse é um importante primeiro passo, pois fomenta uma compreensão mais profunda de si mesmas e do ambiente no qual atuam. Só que, no final das contas, uma rede pessoal, sozinha, não impulsiona gestores em transição de liderança. Aspirantes a líder podem encontrar pessoas que lhes despertam novos interesses mas que não se sentem confortáveis com quem lida com o poder num nível acima delas, ou podem adquirir uma nova influência com uma comunidade profissional mas não conseguir arregimentar esses laços a serviço das metas da organização. É por isso que, mesmo conscientes de que precisam desenvolver suas habilidades de networking e empenhados em fazê-lo, os gestores podem acabar com a sensação de que perderam tempo e energia no empreendimento. Como veremos, redes pessoais não ajudarão na transição de liderança a menos que o gestor aprenda a trazer essas conexões como influências sobre a estratégia organizacional.

Rede estratégica

Quando iniciam a delicada transição de gerente funcional para líder empresarial, os gestores têm de começar a se preocupar com amplas questões estratégicas. Relacionamentos laterais e verticais com outros gestores de unidades funcionais e de negócios – todos eles fora de seu controle imediato – tornam-se uma tábua de salvação para conceber como suas contribuições se encaixam no grande quadro. Assim, a rede estratégica conecta

OS TRÊS FORMATOS DE REDE

Muitos dos gestores que se acreditam hábeis em networking na verdade operam apenas no nível operacional ou pessoal. O bom líder aprende a se valer de suas redes de relacionamentos para fins estratégicos.

	Operacional	Pessoal	Estratégica
Propósito	Execução eficiente do trabalho; manutenção das capacitações e funções exigidas do grupo.	Desenvolvimento pessoal e profissional; pontos de referência para informação e contatos úteis.	Concepção de prioridades e desafios futuros; apoio de stakeholders para tais desafios.
Localização e orientação temporal	Contatos na maioria internos e orientados para demandas correntes.	Contatos na maioria externos e orientados para interesses correntes e potenciais interesses futuros.	Contatos internos e externos e orientados para o futuro.
Participantes e recrutamento	Contatos-chave relativamente não discricionários; geralmente prescritos pela tarefa e pela estrutura da organização, de modo que é muito claro quais são os relevantes.	Contatos-chave na maioria discricionários; nem sempre está claro quem é relevante.	Contatos-chave acompanham o contexto estratégico e o ambiente organizacional, mas sua participação como membro específico é discricionária; nem sempre está claro quem é relevante.
Atributos da rede e comportamentos centrais	Profundidade: construção de fortes relações de trabalho.	Alcance: busca de contatos que possam constituir pontos de referência.	Alavancagem: criar conexões entre o interior e o exterior.

o aspirante a líder a relacionamentos e fontes de informações que, coletivamente, incorporam o poder de atingir metas pessoais e organizacionais.

Operar ao lado de pessoas atuantes em diversas afiliações, contextos, objetivos e incentivos exige que o gestor formule metas de negócios em vez de funcionais e que trabalhe utilizando as coalizões e redes necessárias para vender ideias e competir por recursos. Considere o caso de Sophie, uma gestora que, após uma ascensão firme e constante nas fileiras da logística e da distribuição, ficou perplexa ao saber que o CEO estava considerando uma reorganização radical de sua função que retiraria dela algumas responsabilidades. Recompensada até então por melhoras incrementais a cada ano, ela deixara de perceber mudanças de prioridades no mercado mais amplo e a resultante nova distribuição de recursos e de poder nos níveis mais elevados da empresa. Embora tivesse construído uma equipe leal e de alto desempenho, tinha poucos relacionamentos fora do grupo que a ajudassem a antecipar os novos imperativos, muito menos que lhe dessem ideias de como responder a eles. Após argumentar, em vão, que seu âmbito era o da distribuição, ela contratou consultores para ajudá-la a preparar uma contraproposta. Mas seu chefe simplesmente concluiu que lhe faltava uma perspectiva de negócios a longo prazo. Frustrada, Sophie considerou deixar a empresa. Somente após um paciente trabalho de orientação pessoal com um gerente sênior ela compreendeu que tinha de sair do âmbito de sua unidade e começar a falar com formadores de opinião dentro e fora da empresa, a fim de elaborar um plano vendável para o futuro.

O que diferencia um líder de um gestor, nos diz a pesquisa, é a capacidade de visualizar aonde ir e de arregimentar as pessoas e os grupos necessários para chegar lá. Recrutar stakeholders, alinhar aliados e apoiadores, diagnosticar o cenário político e fazer partes não conectadas conversarem – tudo isso é parte da função de líder. Quando sobem um degrau e alcançam a transição para a liderança, alguns gestores aceitam sua crescente dependência de outros e buscam transformar isso em influência mútua; outros descartam esse trabalho por ser "político", o que reduz suas possibilidades de atingir seus objetivos.

Vários dos participantes em nossa amostra seguiram essa segunda via, justificando sua escolha como uma questão de valores pessoais e integridade. Em um dos casos, Jody, que gerenciava um departamento numa grande

De gerente funcional a líder de negócios: como as empresas podem ajudar

Executivos que supervisionam o desenvolvimento da gestão sabem localizar pontos de inflexão críticos: os momentos em que profissionais de sucesso têm de mudar sua perspectiva quanto ao que é importante e, de acordo com isso, quanto ao uso do tempo. Muitas organizações ainda promovem pessoas com base em seu desempenho em funções cujos requisitos diferem enormemente dos requisitos da liderança. E muitos novos líderes sentem que estão sozinhos nisso, sem coaching ou orientação. Sensíveis ao fato de que os mais capazes gerentes técnicos ou funcionais não têm as aptidões necessárias para construir redes estratégicas que favoreçam suas metas pessoais e profissionais, o RH e profissionais capacitados a ensinar podem tomar medidas para ajudar nessa importante área.

Por exemplo, o Genesis Park, um inovador programa interno de desenvolvimento de liderança na PricewaterhouseCoopers, é abertamente focado na construção de redes de relacionamentos. O programa de cinco meses, durante os quais os participantes são liberados de suas responsabilidades para com clientes, inclui desenvolvimento de casos de negócios, projetos estratégicos, formação de equipe, projetos de gestão de mudança e debates aprofundados com líderes da empresa e fora dela. Os jovens líderes que participam terminam dispondo de uma forte conexão interna-externa de relações que lhes darão suporte ao longo da evolução de sua carreira.

empresa sob o que ela definiu como liderança "disfuncional", recusou-se até a tentar ativar sua extensa rede interna quando adversários de outras unidades absorveram funções-chave suas. Quando lhe perguntamos por que ela não buscou ajuda para deter esse golpe, ela respondeu que se recusava a participar de "jogos políticos estúpidos [...]. A gente tem que fazer o que considera ético e correto, do nosso ponto de vista". Estúpidos ou não, esses jogos lhe custaram o respeito e o apoio de seus subordinados diretos e de outros gestores, que hesitaram em seguir alguém que, segundo percebiam, não estava disposta a se defender. No fim, ela não teve escolha senão deixar a empresa.

O fundamental para uma boa rede estratégica é a alavancagem: a capacidade de mobilizar informações, apoio e recursos de um setor da rede para obter resultados em outro. A ideia é se valer de influência indireta:

Empresas que reconhecem a importância do networking para os líderes também podem fazer muita coisa para ajudá-los a superar seu desconforto inato, criando maneiras naturais de eles expandirem suas redes. Quando Carlos Ghosn, então CEO da Nissan, buscou quebrar paralisantes barreiras internas da empresa, ele criou equipes multidisciplinares compostas por gestores de nível intermediário de diversas unidades e os incumbiu de propor soluções para problemas que iam desde custos de material até design de produtos. Posteriormente, a Nissan institucionalizou as equipes, não apenas como um meio de resolver problemas, mas também de encorajar redes laterais. Em vez de fugir do trabalho extra, aspirantes a líderes na empresa pedem essas atribuições.

Grande parte do desenvolvimento profissional se baseia na noção de que pessoas bem-sucedidas adquirem habilidades apropriadas à nova função à medida que sobem na hierarquia, mas a transição da gerência para a liderança exige também subtração, não apenas adição: para abrir espaço para novas competências, os gestores precisam depender menos de suas antigas e já aperfeiçoadas habilidades. E, para isso, precisam mudar sua perspectiva sobre como agregar valor e com que contribuir. Em um momento posterior, precisarão também transformar seu modo de pensar e quem eles são. Empresas que ajudam seus maiores talentos a se reinventar os tornarão mais bem preparados para uma transição para a liderança bem-sucedida.

convencer uma pessoa da rede a conseguir de outra, que não está na rede, a ação necessária. Além disso, membros de redes estratégicas não apenas influenciam seus ambientes de relações; eles o moldam à própria imagem, transferindo e agregando subordinados, mudando de fornecedores e fontes de financiamento, fazendo lobby para colocar aliados em posições afins e até mesmo reestruturando seu quadro para criar redes favoráveis a suas metas no negócio. Jody se absteve dessas táticas, mas seus adversários, não.

Redes estratégicas podem ser difíceis para líderes emergentes porque absorvem uma parcela significativa do tempo e da energia que os gestores dedicam a suas muitas demandas operacionais. Esse é um dos fatores que fazem muitos gestores negligenciarem a rede estratégica exatamente quando mais precisam dela: quando sua unidade enfrenta dificuldades que apenas um apoio externo pode solucionar. O segredo é não se esconder na rede operacional, e sim torná-la mais estratégica.

Um gestor que estudamos utilizava contatos laterais e funcionais por toda a empresa para resolver tensões com seu chefe resultantes das grandes diferenças de estilo e de abordagem estratégica que havia entre eles. Absorto em tarefas operacionais num local distante, o gestor tinha perdido contato com a sede. Resolveu a situação obrigando seus subordinados diretos a participar mais nos esforços da gerência local e enviando mensagens através de sua rede que o ajudassem a entrar novamente no circuito do chefe.

Redes operacionais, pessoais e estratégicas não são mutuamente excludentes. Um gestor que estudamos fez uso de sua paixão pessoal, a caça, para conhecer pessoas de atividades diferentes, como pedreiros e profissionais de mudanças. Quase nenhum desses amigos de caça tinha algo a ver com o mercado de eletrônicos pessoais, que era seu ramo, mas todos lidavam com uma preocupação constante também presente no dia a dia dele: relacionamento com clientes. Ouvir seus problemas e suas técnicas permitiu-lhe definir princípios que poderia testar em seu trabalho. No fim, o que começara como uma rede pessoal de parceiros de caça tornou-se algo operacional e estrategicamente valioso, graças a sua capacidade de construir, de dentro para fora, conexões para uma alavancagem máxima. Mas vimos também gestores que evitavam ou não conseguiam formar redes porque se orientavam pela afinidade, e não por necessidades estratégicas.

Apenas faça

A palavra *work*, trabalho, faz parte de *networking*, formação de rede. E não é um trabalho fácil, porque envolve sair das fronteiras da zona de conforto da gerência. Como, então, os gestores podem amenizar o dano e aumentar o ganho? O truque é alavancar os elementos do domínio de cada rede para outros domínios – buscar contatos pessoais que possam ser conselheiros objetivos e estratégicos, por exemplo, ou transformar colegas de trabalho que ocupem funções adjacentes à sua num grupo de apoio. Acima de tudo, muitos gestores vão ter de mudar suas atitudes quanto à legitimidade e necessidade do networking.

Formate sua mentalidade

Em nossas contínuas conversas com gestores em processo de melhorar suas habilidades em networking, ouvimos frequentemente: "Muito legal, mas já tenho bastante trabalho." Outros, como Jody, consideram que valorizar as redes de relacionamentos é se basear em amizade, e não em competência – uma maneira falsa, até mesmo não ética, de fazer as coisas acontecerem. Qualquer que seja o motivo, quando aspirantes a líder não acreditam que as redes são um dos mais importantes requisitos de seu novo cargo, não dedicarão tempo e esforço suficientes a começar a colher os frutos.

A melhor solução que vimos para essa armadilha é ter um modelo de atuação. Muitas vezes, o que parece ser um comportamento não palatável ou improdutivo é visto sob uma nova luz quando uma pessoa que você respeita o pratica bem e eticamente. Por exemplo, Gabriel Chenard, diretor-geral da divisão europeia de um grupo de marcas de bens de consumo, aprendeu com seu antecessor a aproveitar visitas a filiais para consolidar seus relacionamentos com funcionários e clientes. Cada viagem tornou-se uma ocasião para aprimorar e construir relacionamentos com as pessoas que o acompanhavam. Observando quanto seu chefe realizava no que, de outra forma, seria um tempo ocioso, Gabriel incorporou a prática a seu estilo gerencial. Como qualquer outra aptidão tácita, um networking ético e eficiente envolve discernimento e intuição. Aprendemos isso observando e obtendo feedback de pessoas para as quais isso é uma segunda natureza.

Trabalhe de fora para dentro

Um dos aspectos mais assustadores da rede estratégica é que parece não haver uma "desculpa" natural para entrar em contato com um veterano fora de sua função ou sua unidade de negócio. É difícil construir um relacionamento com qualquer pessoa, ainda mais com um executivo sênior, sem um motivo para interagir, tal como uma tarefa comum ou um propósito compartilhado.

Alguns gestores bem-sucedidos encontram um terreno comum de fora para dentro, por exemplo, transpondo um interesse pessoal para o domínio estratégico. Linda Henderson é um bom exemplo disso. Consultora de investimentos responsável por uma carteira de clientes da área da mídia, ela sempre se perguntava como se conectar com alguns gestores seniores que trabalhavam com outras áreas. Resolveu arranjar um tempo para uma paixão extracurricular – o teatro – de modo que melhorasse suas atividades no desenvolvimento dos negócios. Quatro vezes por ano, sua secretária marcava um jantar num hotel e reservava alguns ingressos para peças teatrais. Clientes-chave eram convidados. Por meio desses eventos, Linda não só se desenvolvia na carreira como também aprendia muita coisa sobre as empresas de seus clientes, e isso lhe inspirava ideias para outros setores de sua empresa, o que lhe permitiu se envolver com seus colegas.

Outros gestores constroem conexões de fora para dentro a partir de interesses ou competências funcionais. Por exemplo, existem comunidades de prática (ou podem facilmente ser criadas pela internet) em quase toda área de negócios, desde gestão de marcas, passando por Six Sigma, até estratégia global. Gestores experientes buscam mentalidades afins fora de sua organização capazes de agregar e multiplicar conhecimento; as informações que obtêm tornam-se o "gancho" para fazer conexões internas.

Redistribua seu tempo

Se um aspirante a líder ainda não domina a arte da delegação, vai achar muitos motivos para não dedicar tempo ao networking. Reuniões formais e informais com pessoas de outras unidades consomem um tempo que deveria ser usado em responsabilidades funcionais e questões internas da equipe. Entre o resultado evidente de uma tarefa realizada e as recompensas ambíguas e muitas vezes lentas das redes, gestores ingênuos optam repetidamente pelo primeiro. Quanto menos praticam o networking, menos desenvolvem as habilidades, e assim o círculo vicioso se mantém.

Henrik, o gerente de produção e membro de diretoria que citamos anteriormente, fez o que era necessário a fim de se preparar para a reunião, mas não se associou a diretores fora dos eventos formais, por isso frequentemente se surpreendia quando outros diretores levantavam questões que diziam respeito diretamente a suas funções. Em contrapartida, líderes efetivos passavam muito tempo, todo dia, reunindo informações necessárias para estabelecer seus objetivos, com base em conversas informais com muitas pessoas não necessariamente encarregadas de algum assunto ou alguma tarefa. Eles acionavam a rede para obter informações continuamente, não apenas em reuniões formais.

Peça e receberá

Muitos gestores acreditam que ter uma boa rede de relacionamentos é o mesmo que ter uma grande base de dados em forma de contatos ou frequentar conferências e eventos de alto perfil profissional. De fato, vimos pessoas darem o primeiro passo na iniciativa de formar uma rede melhorando seu método de manter ou adotar uma rede como ferramenta gerencial, mas elas vacilam no passo seguinte: usar o telefone. Esperam até precisarem *muito* de algo. Os mais hábeis no networking fazem exatamente o contrário: aproveitam toda oportunidade para dar e receber, estejam ou não precisando de ajuda.

Uma rede só se mantém e se desenvolve quando é usada. Uma boa maneira de começar é fazer uma solicitação simples, ou tomar a iniciativa de conectar duas pessoas que se beneficiariam de conhecer uma a outra. Fazer alguma coisa – qualquer coisa – mantém a bola rolando e constrói confiança na ideia de que você tem, de fato, algo com que contribuir.

Agarre a ideia e não a deixe de lado

Leva algum tempo para colher os frutos do networking. Vimos muitos gestores priorizarem as redes em sua agenda, só para deixá-las de lado na primeira crise que acontecia. Um exemplo é Harris Roberts, um especialista em negócios regulatórios que se deu conta de que precisava de uma rede de relacionamentos mais ampla se quisesse se tornar gestor de uma unidade de negócios. Para se obrigar ao que ele sentia ser um "ato não natural", Harris ofereceu-se para ser a ligação com a rede de ex-alunos de sua faculdade de administração, porém seis meses depois, quando um grande processo para aprovação de um novo medicamento sobrecarregou seu calendário, Harris largou todas as atividades externas. Dois anos se passaram e ele se viu sem contatos e ainda um gerente meramente funcional. Não reconheceu que, ao não dedicar algum tempo a conferências de seu ramo ou comparar anotações com colegas de trabalho, estava perdendo a perspectiva estratégica e as informações que o tornariam um candidato mais atraente a uma promoção.

Construir uma rede de liderança é menos uma questão de talento do que de vontade. Quando os primeiros esforços não trazem resultados rápidos, alguns concluem simplesmente que aquele não é um de seus dons. Mas o networking não exige talento, tampouco requer uma personalidade gregária, extrovertida. É uma aptidão que se adquire com a prática. Vimos, repetidas vezes, que as pessoas que se empenham na formação de redes podem aprender não só a fazê-lo bem como a ter prazer nisso. E tendem a ser profissionais mais bem-sucedidas do que aqueles que não conseguem alavancar laços externos ou insistem em uma definição estreita de seu emprego.

Uma transição de liderança exitosa requer uma mudança, saindo dos limites de uma rede operacional claramente definida. Aspirantes a líder devem aprender a construir e usar redes estratégicas que atravessem organizações e fronteiras funcionais e os conectem de modo novo e inovador. É um desafio deixar para trás toda uma vida de contribuições funcionais e controle direto para abraçar o processo ambíguo de construir redes e trabalhar com elas. Os líderes precisam encontrar novas maneiras de se definir e desenvolver novos relacionamentos para ancorar e nutrir suas emergentes personas novas. Também têm que aceitar que a rede é um dos mais importantes requisitos de suas novas funções e de continuar a investir tempo e esforço para obter resultado.

Publicado originalmente em janeiro de 2007.

10

Gestão de tempo: quem vai descascar o abacaxi?

William Oncken Jr. e Donald L. Wass

POR QUE É NORMAL VER O GESTOR sem tempo enquanto os subordinados estão sem trabalho? Vamos explorar o significado de gestão de tempo e a relação desse conceito com a interação dos gestores com seus chefes, pares e subordinados. Mais especificamente, vamos lidar com três tipos:

Tempo imposto pelo chefe. Usado para realizar as atividades que o chefe exige e que o gestor não pode desconsiderar, sob pena de receber uma penalidade direta e rápida.

Tempo imposto pelo sistema. Usado para acomodar solicitações de colegas por apoio ativo. Negligenciar essas solicitações também resulta em penalidades, apesar de serem menos diretas ou rápidas.

Tempo autoimposto. Usado para fazer as coisas que o próprio gestor escolheu ou concorda em fazer. Parte desse tempo, porém, será tomada pelos subordinados e é chamada de tempo imposto pelos subordinados.

A outra será o tempo do próprio gestor e é denominada tempo discricionário. O tempo autoimposto não está sujeito a penalidades, já que nem o chefe nem o sistema podem disciplinar o gestor por não fazer o que não sabiam que ele pretendia fazer.

Para acomodar essas demandas, o gestor precisa controlar o uso do tempo e o tipo de atividade que realiza. Como o descumprimento das imposições do chefe e do sistema gera penalidades, ele não pode alterar essas solicitações. Com isso, o tempo autoimposto passa a ser sua principal preocupação.

O gestor precisa aumentar o componente discricionário de seu tempo autoimposto ao minimizar, ou mesmo eliminar, o componente imposto pelos subordinados. Com isso, utilizará o incremento adicional para controlar a execução das atividades impostas pelo chefe e pelo sistema. A maioria dos gestores passa muito mais tempo do que imagina lidando com problemas dos subordinados. A seguir, vamos examinar como o tempo imposto pelos subordinados surge e o que o superior pode fazer a esse respeito.

Com quem está o abacaxi?

O gestor está passando pelo corredor e cruza com seu subordinado Jones. Quando se encontram, Jones o cumprimenta: "Bom dia. Ah, temos um problema. Veja só..." À medida que Jones prossegue, o gestor reconhece no problema duas características comuns a todos os problemas que seus subordinados levam à sua atenção. São eles: o gestor sabe (a) o bastante para se envolver na questão, mas (b) não o bastante para tomar a decisão imediata que se espera dele. Por fim, diz: "Que bom que você trouxe isso à minha atenção, mas agora estou com pressa. Vou pensar no assunto e mais tarde lhe passo uma posição." Então ele e Jones se afastam.

Vamos analisar o que acabou de acontecer. Antes dessa conversa, com quem estava o abacaxi? Com o subordinado. Depois da conversa, ficou com o gestor. O tempo imposto pelos subordinados começa no instante em que o abacaxi sai da mão do subordinado e vai para o superior e só termina quando o abacaxi é devolvido ao dono original. Ao aceitá-lo, o gestor assumiu voluntariamente uma posição subordinada ao seu subordinado. Ou seja, permitiu que Jones o tornasse seu subordinado, pois fez duas coisas

> ## Em resumo
>
> Você está atravessando o corredor, apressado. Um funcionário chega para você e diz: "Temos um problema." Você presume que deva se envolver, mas não pode tomar uma decisão imediatamente e responde: "Vou pensar."
>
> Você acaba de receber um abacaxi do seu subordinado. Agora está trabalhando para a pessoa que trabalha para você. Se aceitar muitos abacaxis, não terá tempo para se concentrar nas suas prioridades.
>
> Como evitar o acúmulo de abacaxis? Desenvolvendo a iniciativa de seus funcionários. Por exemplo, quando alguém da sua equipe tentar lhe passar um problema, esclareça se ele deve: 1) recomendar e implementar uma solução; 2) agir e depois informá-lo imediatamente; ou 3) agir e relatar os resultados em um acompanhamento regular.
>
> Quando você estimula seus funcionários a lidar com os problemas, eles adquirem novas habilidades e você ganha tempo para fazer seu trabalho.

que se espera que um subordinado faça para o chefe – aceitou uma responsabilidade e prometeu um relatório de progresso.

Para garantir que o gestor não compreendeu o problema de forma errada, mais tarde o subordinado vai aparecer na sala dele e perguntar, animado: "Como está indo?" (Isso se chama supervisão.)

Ou vamos imaginar que, ao fim de uma reunião com Johnson, outro subordinado, as últimas palavras do gestor sejam: "Ótimo. Me envie um relatório sobre isso por e-mail."

Agora o abacaxi está com Johnson, mas prestes a mudar de mãos novamente. Johnson envia o e-mail redigido com todo o cuidado. Pouco depois, o gestor recebe e lê o relatório. A quem cabe o movimento agora? Ao gestor. Se não fizer o movimento logo, receberá um memorando de acompanhamento do subordinado (outra forma de supervisão). Quanto mais o gestor demorar, mais frustrado o subordinado ficará (pois não estará progredindo) e mais culpado ele próprio se sentirá (o tempo imposto pelos funcionários se acumulará).

Na prática

Como devolver o abacaxi ao dono? Oncken, Wass e Stephen Covey (em um epílogo para este artigo clássico) oferecem as seguintes táticas:

Marque reuniões para resolver os problemas
Evite discutir as questões na pressa – por exemplo, ao passar por um funcionário no corredor. Você não transmitirá a seriedade adequada. Em vez disso, faça seu subordinado marcar uma reunião para discutir o problema.

Especifique o nível de iniciativa
Seus funcionários podem exercitar cinco níveis de iniciativa ao lidar com problemas no trabalho. Do mais baixo para o mais alto, são:

1. Aguardar até que você diga a eles o que fazer.
2. Perguntar a você o que fazer.
3. Recomendar uma ação e depois, com sua aprovação, implementá-la.
4. Agir de forma independente, mas informá-lo de imediato.
5. Agir de forma independente e atualizá-lo em um momento combinado – por exemplo, na reunião semanal.

Quando um funcionário levar um problema para você, proíba o uso dos níveis 1 ou 2. Aceite e designe os níveis 3, 4 ou 5. Não passe mais de 15 minutos discutindo o problema.

Combine uma atualização da situação
Depois de decidir como proceder, combine um local e um horário em que o colaborador lhe fornecerá um relatório de progresso.

Analise seus próprios motivos
Alguns gestores secretamente receiam que, caso encorajem os subordinados a ter mais iniciativa, parecerão menos fortes, mais vulneráveis e menos úteis. Em vez disso, cultive um sentimento de segurança que o

liberte para abdicar do controle direto e apoiar o crescimento dos funcionários.

Desenvolva as habilidades dos funcionários
Os funcionários tentam passar abacaxis adiante quando não têm vontade ou habilidade de lidar com eles. Ajude-os a desenvolver a capacidade de solucionar problemas. De início, você acaba perdendo tempo ao pôr a mão na massa – mas o economiza a longo prazo.

Cultive a confiança
Desenvolver a iniciativa dos colaboradores exige uma relação de confiança. Se eles temerem fracassar, continuarão passando os abacaxis para você em vez de trabalhar para solucionar os próprios problemas. Para promover a confiança, garanta a eles que é seguro cometer erros.

Em uma reunião com outra subordinada, Sarah, o gestor pede que ela desenvolva uma proposta de relações públicas, mas concorda em fornecer todo o suporte necessário. As últimas palavras dele são: "É só me dizer como eu posso ajudar."

Mais uma vez, de início o abacaxi está com a subordinada, mas por quanto tempo? Sarah percebe que não pode pedir ajuda ao gestor até que a proposta tenha a aprovação dele. E, por experiência própria, também sabe que sua proposta provavelmente ficará parada na mesa dele por semanas até ser examinada. Então, na verdade, quem está com o abacaxi? Quem vai procurar quem? Mais estagnação e atrasos.

Um quarto subordinado, Reed, acaba de ser transferido de setor para poder lançar e administrar um empreendimento recém-criado. O gestor disse que eles deveriam se reunir em breve para determinar uma série de objetivos para o novo trabalho, acrescentando: "Vou elaborar um rascunho inicial para discutirmos."

Reflita. O subordinado tem um novo cargo (por atribuição formal) e total responsabilidade (por delegação formal), mas é o gestor quem precisa dar o passo seguinte. Até que isso aconteça, o abacaxi estará com ele e o subordinado não terá o que fazer.

Arranje tempo para problemas de verdade

Stephen R. Covey

Quando William Oncken escreveu este artigo em 1974, os gestores se encontravam em um terrível dilema. Estavam desesperados atrás de uma forma de arranjar tempo, mas na época o normal era o chefe ter comando e controle absolutos. Os gestores sentiam que não podiam dar aos subordinados poder de decisão. Era perigoso demais, arriscado demais. É por isso que a mensagem de Oncken – devolver o abacaxi ao dono – envolveu uma mudança de paradigma crucial. Até hoje muitos gestores têm uma dívida de gratidão com ele.

Dizer que muito mudou desde a recomendação radical de Oncken é um eufemismo. Hoje a filosofia de gestão que prega o comando e o controle está praticamente morta, e "empoderamento" é a palavra em voga na maioria das organizações que tentam prosperar em mercados globais e competitivos. Apesar disso, a prática antiga teima em permanecer comum. Na última década, pensadores e executivos da gestão descobriram que os chefes não podem simplesmente devolver o abacaxi ao subordinado e depois seguir alegremente com suas tarefas. Dar poder aos subordinados é um trabalho difícil e complicado.

O motivo: quando você devolve problemas aos subordinados, precisa ter certeza de que eles têm tanto o desejo quanto a capacidade de resolvê-los. E, como todo executivo sabe, nem sempre é o caso. Entra em cena todo um conjunto de questões novas. Para dar poder aos subordinados, muitas vezes você precisa desenvolver pessoas, o que, de início, consome muito mais tempo do que resolver o problema você mesmo.

Também vale lembrar que a tática do empoderamento só prospera quando toda a organização abraça a ideia – quando ela é apoiada pelos sistemas formais e pela cultura informal. Os gestores precisam ser recompensados por delegar decisões e desenvolver pessoas. Do contrário, o grau de empoderamento vai variar de acordo com as crenças e práticas de cada gestor.

Mas a lição mais importante sobre empoderamento é que delegar com eficiência – da maneira defendida por Oncken – depende de uma relação de confiança entre gestor e subordinado. A mensagem de Oncken pode ter sido vanguardista, mas sua sugestão ainda era uma solução bastante ditatorial. Basicamente, ele disse aos chefes: "Devolvam o problema!" Hoje sabemos que essa abordagem é, por si só, autoritária demais. Para delegar com eficiência, os executivos precisam estabelecer um diálogo contínuo com os subordinados, uma parceria. Afinal, se os subordinados temem fracassar diante do chefe, continuarão pedindo ajuda em vez de tomar a iniciativa.

O artigo de Oncken também não aborda um aspecto da delegação de tarefas que me interessou muito no decorrer das duas últimas décadas: muitos gestores *adoram* pegar os abacaxis dos subordinados. Quase todos com quem converso concordam que seu pessoal é subutilizado nos cargos atuais, mas mesmo alguns dos executivos mais bem-sucedidos e aparentemente autoconfiantes afirmaram que é difícil entregar o controle a eles.

Passei a atribuir essa avidez por controle a uma crença comum e arraigada de que as recompensas são escassas e frágeis. Quer tenham aprendido isso na convivência familiar, na escola ou na prática esportiva, muitas pessoas estabelecem sua identidade comparando-se. Quando veem que os outros estão obtendo poder, informação, dinheiro ou reconhecimento, por exemplo, vivenciam o que o psicólogo Abraham Maslow denominou "uma sensação de deficiência", de que algo está sendo tirado delas. Isso dificulta que alcancem uma felicidade verdadeira em relação ao sucesso dos outros – até de seus entes queridos. Oncken sugere que os gestores podem devolver ou recusar o abacaxi sem problemas, mas muitos temem inconscientemente que um subordinando tomando a iniciativa os fará parecer um pouco mais fracos e vulneráveis.

Com isso em mente, como os gestores desenvolvem a segurança interior, a mentalidade de "abundância" que os capacita a abrir mão do controle e buscar o crescimento e o desenvolvimento daqueles ao seu redor? O trabalho que realizei com diversas organizações sugere que gestores que vivem com integridade, de acordo com um sistema de valores baseado em princípios sólidos, são mais propensos a manter um estilo empoderador de liderança.

Considerando a época em que Oncken escreveu este texto, não é de surpreender que sua mensagem tenha repercutido entre os gestores. Mas ela foi reforçada pelo talento natural de Oncken para contar histórias. Eu o conheci no circuito de palestrantes na década de 1970 e sempre me impressionei com sua forma de dramatizar ideias. Assim como as tirinhas do Dilbert, Oncken tinha um estilo irônico que atingia o âmago das frustrações dos gestores e fazia com que desejassem retomar o controle de seu tempo.

Não me surpreende que o artigo dele seja um dos dois mais bem-sucedidos da história da *HBR*. Mesmo com tudo que sabemos sobre autonomia no trabalho, sua mensagem eloquente é mais importante e relevante hoje do que há 25 anos. Na verdade, o

(continua)

(*continuação*)

insight de Oncken é uma das bases do meu trabalho sobre gestão de tempo, no qual faço as pessoas categorizarem suas atividades de acordo com a urgência e a importância.

Diversos executivos já me disseram que gastam pelo menos metade do tempo em assuntos urgentes mas não importantes. Estão presos em um ciclo interminável no qual precisam resolver o abacaxi dos outros, porém relutam em estimular essas pessoas a tomar a iniciativa. Como resultado, muitas vezes estão ocupados demais para usar o tempo que possuem para trabalhar nos verdadeiros problemas que assolam a empresa. O artigo de Oncken ainda é um poderoso alerta para gestores que precisam delegar com eficiência.

Stephen R. Covey foi um dos fundadores da FranklinCovey Company, fornecedora global de desenvolvimento de liderança e de serviços e produtos voltados para a produtividade. É autor de *Os sete hábitos das pessoas altamente eficazes* e de *Primeiro o mais importante*.

Por que tudo isso acontece? Porque, em cada situação, o gestor e o subordinado presumem desde o início, de forma consciente ou não, que o assunto em pauta é um problema compartilhado. O abacaxi nasce na mão dos dois. Mas basta algo dar errado e pronto: o subordinado desaparece.

Assim, o gestor fica com mais um abacaxi. Claro que abacaxis podem ser devolvidos, mas é mais fácil evitar que saiam das mãos dos donos.

Quem está trabalhando para quem?

Vamos supor que os mesmos quatro subordinados (Jones, Johnson, Sarah e Reed) sejam tão atenciosos e tenham tanta consideração pelo tempo de seu superior que se esforcem para não dar mais de três abacaxis ao chefe no mesmo dia. Em uma semana de cinco dias, o gestor pode receber até 60 abacaxis – um número alto demais para que ele consiga fazer algo a respeito de cada um. Assim, ele passa o tempo imposto pelos subordinados fazendo malabarismos com suas "prioridades".

No fim da tarde de sexta, o gestor está em sua sala, com a porta fechada para ter privacidade, refletindo sobre a situação, enquanto os subordinados estão do lado de fora aguardando a última chance antes do fim de semana para lembrar que ele precisará dar um jeito nas pendências. Imagine o que estão dizendo uns para os outros enquanto esperam: "Mas que atraso. Ele simplesmente não se decide. Não sei como uma pessoa tão indecisa conseguiu um cargo tão elevado."

O pior é que o gestor não consegue dar seguimento a nenhum dos abacaxis porque seu tempo já foi quase todo consumido pelas exigências do próprio chefe e do sistema. Para controlar essas tarefas, ele precisa do tempo discricionário, que lhe é negado por estar sempre resolvendo os abacaxis dos subordinados. O gestor está preso num círculo vicioso e o tempo está passando. Ele telefona para a secretária e a instrui a dizer aos subordinados que só poderá falar com eles na segunda de manhã. À noite, volta para casa decidido a ir ao escritório no fim de semana e terminar as tarefas. Quando chega ao escritório na manhã seguinte, olha para o terreno do outro lado da rua e vê um campo de golfe. No gramado, quatro pessoas. Adivinhe quem são.

Chega! Agora ele sabe quem está trabalhando para quem. Percebe que, se fizer tudo que pretendia, o moral dos subordinados subirá tanto que os quatro passarão a deixar mais abacaxis na mesa dele. Agora o gestor vê claramente que quanto mais se comprometer com o trabalho dos outros, mais ficará atrasado com as próprias tarefas.

Ele deixa o escritório planejando algo que há anos não tem tempo de fazer: passar um fim de semana com a família – também uma forma de tempo discricionário.

No domingo à noite ele vai dormir e desfruta 10 horas de um sono tranquilo, pois traçou um plano muito claro para segunda-feira: se livrar do tempo imposto pelos subordinados e trocá-lo por tempo discricionário, parte do qual gastará com os subordinados para garantir que aprendam a difícil mas recompensadora arte gerencial chamada "A habilidade de descascar abacaxis".

O gestor também terá tempo discricionário de sobra para controlar o uso não apenas do tempo imposto pelo chefe, mas também do tempo imposto pelo sistema. Pode levar meses para conseguir isso, mas, comparando a projeção à sua situação no momento, as recompensas serão enormes. Seu objetivo final é gerir o próprio tempo.

Livre-se dos abacaxis

O gestor chega ao escritório na segunda de manhã e, quando se aproxima de sua sala, encontra os quatro subordinados esperando para falar sobre os abacaxis. Decide fazer reuniões individuais. O objetivo de cada conversa é colocar o abacaxi na mesa e resolverem, juntos, o que o subordinado pode fazer para dar seguimento à tarefa. Algumas dessas conversas serão trabalhosas. Talvez a próxima ação sugerida pelo subordinado seja tão despropositada que o gestor decida – apenas por ora – simplesmente deixar o subordinado passar o dia de trabalho com o abacaxi, dormir pensando nele e fazê-lo voltar na manhã seguinte para prosseguir com a busca conjunta.

Cada vez que um subordinado se retira, o gestor é recompensado pela visão de um abacaxi deixando a sala nas mãos desse funcionário. Durante as próximas 24 horas, o subordinado não estará esperando pelo gestor, mas o contrário.

Depois, como que para lembrar a si mesmo que nada o impede de se envolver em um exercício construtivo no meio-tempo, o gestor passa pela sala do subordinado e pergunta, animado: "Como está indo no trabalho?" (Esse tempo é discricionário para o gestor e imposto pelo chefe para o subordinado.)

Quando o subordinado e o gestor se reúnem na hora marcada no dia seguinte, o gestor explica as regras básicas:

> *Em nenhum momento, enquanto eu estiver ajudando você com este ou qualquer outro problema, seu problema se tornará meu problema. No instante em que seu problema se torna meu, você não tem mais um problema. Não posso ajudar uma pessoa que não tem um problema.*
>
> *Quando esta reunião acabar, o problema deixará esta sala exatamente da maneira que entrou – com você. Você pode pedir minha ajuda em qualquer horário agendado e vamos decidir juntos qual será o próximo movimento e qual de nós o fará.*
>
> *Nas raras ocasiões em que o movimento seguinte for meu, você e eu o determinaremos juntos. Não farei qualquer movimento sozinho.*

O gestor segue essa linha de pensamento com os quatro subordinados e no fim percebe que não precisa mais fechar a porta. Os abacaxis sumiram. Eles voltarão – mas com hora marcada. Sua agenda garantirá isso.

Transfira a iniciativa

Com a analogia do abacaxi queremos mostrar que o gestor *pode* devolver definitivamente a iniciativa aos subordinados. Tentamos destacar uma verdade tão óbvia quanto sutil – a de que, antes de desenvolver a iniciativa nos subordinados, o gestor precisa garantir que eles *tenham* a iniciativa. O problema é que, quando o gestor toma a iniciativa, dá adeus ao tempo discricionário. Tudo se transforma em tempo imposto pelo subordinado.

O gestor e o subordinado também não podem ter a mesma inciativa ao mesmo tempo. A frase "Chefe, temos um problema" sugere essa dualidade e representa, como já foi destacado, um abacaxi sendo segurado pelos dois, o que é uma péssima forma de começar a descascá-lo. Portanto, vamos examinar o que chamamos de "Anatomia da iniciativa gerencial".

Existem cinco graus de iniciativa que o gestor pode exercitar em relação ao chefe e ao sistema:

1. Aguardar receber a ordem (o menor nível de iniciativa).
2. Perguntar o que fazer.
3. Fazer uma recomendação, depois tomar as providências.
4. Tomar as providências, mas informar imediatamente.
5. Atuar por conta própria, depois relatar o progresso regularmente (o maior nível de iniciativa).

Claro que o gestor deve ser profissional o bastante para não escolher as iniciativas 1 e 2 tanto em relação ao chefe quanto ao sistema. Um gestor que toma a iniciativa 1 não tem controle sobre a utilização ou o conteúdo do tempo imposto pelo chefe ou pelo sistema e, com isso, abre mão do direito de reclamar sobre o que o mandam fazer ou quando. O gestor que toma a iniciativa 2 tem controle sobre a utilização do tempo, mas não sobre o conteúdo. Nas iniciativas 3, 4 e 5, o gestor controla o tempo e o conteúdo, e no nível 5 exerce o maior grau de controle.

Em relação aos subordinados, o trabalho do gestor tem duas vertentes. Primeiro, ele deve proibir o uso das iniciativas 1 e 2, obrigando os subordinados a entregar trabalhos completos. Segundo, deve garantir que haja um nível de iniciativa associado a cada abacaxi que deixar sua sala, além de horário e local da próxima reunião com seu subordinado, que deverá ficar marcada na agenda do gestor.

O cuidado na hora de descascar o abacaxi

Para esclarecer melhor a analogia entre o abacaxi e os processos de delegar e controlar tarefas, vamos analisar brevemente a agenda do gestor, que exige cinco regras simples e rígidas sobre os cuidados a serem tomados na hora de descascar o abacaxi. (A violação destas regras custará tempo discricionário.)

Regra 1

O abacaxi deve ser resolvido de uma vez ou entregue a outro funcionário, sem enrolação. Do contrário, o gestor desperdiçará um tempo valioso.

Regra 2

O número de abacaxis na mão do gestor deve estar abaixo da capacidade máxima que ele pode suportar. Os subordinados devem encontrar tempo para trabalhar no maior número possível de abacaxis, porém não se deve exagerar. Você não pode gastar mais do que 15 minutos para fazer o acompanhamento do abacaxi que não está na sua mão.

Regra 3

Os abacaxis só serão descascados na hora agendada. O gestor não deve procurar abacaxis dos outros.

Regra 4

O abacaxi deve ser descascado pessoalmente ou por telefone, nunca por e-mail. (Lembre-se: no caso do e-mail, o passo seguinte é sempre do gestor.) Uma documentação bem organizada pode ajudar na hora de resolver o abacaxi, mas não substitui o ato de descascá-lo.

Regra 5

O subordinado sempre deve saber qual será sua próxima ação e que nível de iniciativa lhe cabe. A qualquer momento essas determinações podem ser revistas por consenso mútuo, mas jamais se deve permitir que sejam vagas ou que não tenham um destinatário certo. Do contrário, o abacaxi vai aumentar de tamanho ou cair no colo do gestor.

"Assuma o controle do fator tempo e do conteúdo daquilo que você faz." Esse é um bom conselho para quem deseja gerir o próprio tempo. A primeira mudança que o gestor precisa implementar na própria rotina é ampliar seu tempo discricionário eliminando o tempo imposto pelos subordinados. A segunda é usar parte do tempo discricionário para garantir que cada subordinado tenha iniciativa e a coloque em prática. A terceira é usar outra parte para obter e manter o controle do fator tempo e do conteúdo do tempo imposto tanto pelo chefe quanto pelo sistema. Esses passos darão uma vantagem ao gestor e permitirão que cada hora gasta na administração do tempo de gestão se multiplique, em teoria, indefinidamente.

Escrito em 1974, este artigo foi republicado em novembro de 1999, incluindo um texto com comentários de Stephen R. Covey.

ARTIGO BÔNUS

Como gerentes se tornam líderes

Os sete abalos sísmicos de perspectiva e de responsabilidade
Michael D. Watkins

HARALD (NOME FICTÍCIO) É UM LÍDER DE ALTO POTENCIAL com 15 anos de experiência numa grande companhia química europeia. Começou como gerente assistente de produtos na unidade de plásticos e rapidamente foi transferido para Hong Kong, a fim de ajudar a estabelecer o novo centro de negócios da unidade na Ásia. As vendas ali aumentaram bastante e ele foi logo promovido a gerente de vendas. Três anos depois, retornou à Europa como diretor de marketing e vendas para Europa, Oriente Médio e África, supervisionando um grupo de 80 profissionais. Continuando sua sequência de sucessos, foi promovido a vice-presidente de marketing e vendas da divisão de polietileno, responsável por várias linhas de produtos, serviços relacionados e aproximadamente 200 funcionários.

Todo o empenho de Harald culminou com sua nomeação para chefe da unidade de resinas plásticas, que contava com mais de 3 mil funcionários no mundo inteiro. Foi uma decisão deliberada de encarregá-lo de um braço da empresa que, embora pequeno, estava em ascensão e tinha uma equipe forte – uma oportunidade para que ele fosse além da gerência de vendas e marketing, abraçasse a totalidade de um negócio, aprendesse a chefiar uma unidade com uma equipe mais experiente e alçasse seus talentos de liderança ao nível imediatamente superior numa situação livre de problemas complicados e de crises. O cenário parecia perfeito, mas, após alguns meses no novo posto, ele ainda enfrentava extremas dificuldades.

Como Harald, muitos talentos em ascensão tropeçam quando deixam o comando de um departamento para liderar toda uma divisão ou toda uma empresa, assumindo pela primeira vez a responsabilidade por lucros e perdas e a supervisão de executivos em funções diversas dentro da corporação. É realmente diferente no topo. Para descobrir essas diferenças, examinei em profundidade esse crítico ponto de inflexão, conduzindo uma extensa série de entrevistas com mais de 40 executivos, entre eles gestores responsáveis pelo desenvolvimento de talentos de alto potencial, altos executivos de RH e profissionais que tinham assumido a liderança empresarial pela primeira vez havia pouco tempo.

O que descobri foi que, para se sair bem nessa transição, os executivos têm de fazer uma complicada série de mudanças no foco de sua liderança e em suas aptidões: as sete mudanças sísmicas, como costumo chamar. Eles precisam passar de especialistas a generalistas, de analistas a integradores, de táticos a estrategistas, de pedreiros a arquitetos, de solucionadores de problemas a definidores de agenda, de guerreiros a diplomatas e de coadjuvantes a protagonistas. Como tantos outros, Harald teve dificuldades na maioria dessas mudanças. Vamos acompanhá-lo em cada uma delas para compreender por que são tão difíceis – as surpresas enervantes, as suposições não embasadas, os usos totalmente novos que se impõem a seu tempo e a sua imaginação, as decisões tomadas no escuro e o aprendizado que nasce dos erros.

De especialista a generalista

O desafio imediato para Harald foi passar a supervisionar todo um conjunto de operações quando antes ele comandava apenas um departamento. Nos dois primeiros meses, ele se sentia desorientado e começou a questionar sua capacidade decisória. E foi assim que caiu numa armadilha clássica: dar atenção excessiva à área que conhecia bem, em detrimento

> ## Em resumo
>
> **Poucas transições de liderança são tão desafiadoras quanto passar, pela primeira vez, da condução de uma área de atuação delimitada para a chefia de um negócio completo.**
>
> O escopo e a complexidade da tarefa aumentam drasticamente, a ponto de deixar chefes de divisão recém-empossados sobrecarregados e inseguros. As aptidões que eles aprimoraram em seus cargos anteriores – domínio de sua função, know-how organizacional, capacidade de formar e motivar uma equipe – já não são mais suficientes. Pela primeira vez, esses executivos precisam passar de especialistas para generalistas, isto é, líderes que entendem de todas as funções. Têm que aprender a contratar, julgar e intermediar com uma variedade muito mais ampla de pessoas. Devem confrontar um âmbito totalmente novo de questões difíceis: quais são os grandes temas em nossa pauta corporativa? Quais oportunidades e ameaças enfrenta o negócio como um todo? Como posso garantir o sucesso de toda a organização?
>
> Nesse ponto de inflexão crítico, executivos precisam atravessar sete mudanças sísmicas – um complicado processo de mudanças no foco de sua liderança, que exige desenvolver novas aptidões e modelos conceituais.

das demais. Felizmente, Harald se deu conta disso quando seu VP de RH lhe deu um feedback bem franco sobre seu relacionamento com a VP de vendas e marketing: "Claire está ficando louca por sua causa. Você precisa dar espaço a ela."

A tendência de Harald a se manter na zona de conforto funcional é uma reação compreensível aos estresses que acompanham a passagem para uma função muito mais ampla. Seria maravilhoso se todo novo líder empresarial fosse um grande especialista em todas as áreas do negócio, mas é claro que isso nunca acontece. Às vezes, eles adquiriram experiência circulando por vários departamentos ou trabalhando em projetos que envolvem várias áreas. Isso certamente ajuda. (Veja o quadro Como desenvolver líderes empresariais fortes, na página 175.) Mas a realidade é que,

As sete mudanças sísmicas

Todas as mudanças que um chefe funcional tem de fazer quando se torna um líder empresarial pela primeira vez envolvem aprender novas habilidades e cultivar novas mentalidades. Veja quais são essas mudanças e o que cada uma exige:

De especialista a generalista
Entender os modelos mentais, as ferramentas e os termos usados nas atividades-chave do negócio e desenvolver padrões para avaliar os líderes dessas atividades.

De analista a integrador
Fazer a integração do conhecimento coletivo de equipes multidisciplinares e realizar as permutas apropriadas para resolver problemas organizacionais complexos.

De tático a estrategista
Passar com facilidade dos detalhes para o quadro mais amplo, reconhecer os padrões importantes em ambientes complexos e antecipar e influenciar as reações dos atores externos mais importantes.

De pedreiro a arquiteto
Compreender como analisar e projetar sistemas organizacionais de modo que a estratégia, a estrutura, os modelos de operação e as aptidões básicas se encaixem com eficácia e eficiência, e valer-se dessa compreensão para promover as mudanças necessárias.

De solucionador de problemas a definidor de prioridades
Definir os problemas centrais para a organização e localizar assuntos importantes, mas que não estão exatamente no âmbito de nenhuma área.

De guerreiro a diplomata
Configurar proativamente o ambiente no qual o negócio opera, influenciando grupos de interesse, incluindo governo, ONGs, mídia e investidores.

De coadjuvante a protagonista
Ser um modelo de comportamento e aprender a se comunicar com grandes grupos de pessoas, tanto direta quanto (cada vez mais) indiretamente, além de inspirá-las.

para comandar um negócio, executivos que eram especialistas precisam se tornar rapidamente generalistas que conhecem o suficiente de todas as atividades necessárias.

O que seria "suficiente"? Um líder empresarial precisa ser capaz de (1) tomar decisões favoráveis ao negócio como um todo e (2) avaliar os talentos dentro de suas equipes. Para as duas coisas, é necessário reconhecer que as funções do negócio são subculturas gerenciais distintas, cada uma com os próprios modelos mentais e a própria linguagem. Bons líderes compreendem as diferenças em como os profissionais abordam problemas de negócios nas áreas de finanças, marketing, operações, RH e P&D, assim como compreendem os variados instrumentos (fluxo de caixa descontado, segmentação de clientes, fluxo de processos, planejamento sucessório, processo *stage-gate* e muito mais) que cada área utiliza. Líderes têm de ser capazes de falar a linguagem de todas as áreas e atuar como intérpretes quando necessário. E o mais crucial: líderes têm de saber quais são as perguntas certas a serem feitas e quais as métricas corretas para avaliar e recrutar as pessoas que vão gerenciar áreas nas quais eles não são especialistas.

A boa notícia para Harald foi que, além de tê-lo designado para uma unidade de alto desempenho, a empresa dispunha de sistemas sólidos para avaliar e desenvolver talentos em funções estratégicas. Isso incluía sistemas efetivos de avaliação de desempenho, incluindo o de 360 graus, e de coleta de inputs de funções corporativas. O diretor financeiro e o de RH, por exemplo, ao se reportarem diretamente a ele, também tinham linhas de relacionamentos com seus respectivos departamentos, dando assistência a Harald na avaliação e no desenvolvimento. Assim, ele dispunha de muitos recursos para ajudá-lo a compreender o que significava "excelência" para cada área.

Ao investir diretamente na criação de esquemas padronizados de avaliação para cada função, as empresas podem assegurar que novos líderes de negócios compreendam mais rápido o estado de coisas na organização. Mas, mesmo se a empresa não tiver tais sistemas, aspirantes a líder de negócios podem se preparar mediante a construção de relacionamentos com gestores de outras áreas, procurando aprender com eles (talvez em troca de lhes dar insights sobre suas próprias funções), e assim desenvolver os próprios modelos.

De analista a integrador

A responsabilidade primordial de líderes funcionais é recrutar, desenvolver e gerenciar profissionais que focam com profundidade analítica em atividades específicas do negócio. O papel de um líder empresarial é gerenciar e integrar o conhecimento coletivo dessas equipes funcionais, para resolver problemas organizacionais importantes.

Harald teve dificuldades com essa mudança muito cedo, quando tentava voltar-se para as muitas demandas concorrentes. Seu VP de vendas e marketing, por exemplo, queria ir ao mercado agressivamente com um novo produto, enquanto seu diretor executivo temia que a velocidade da produção não atendesse às demandas estimuladas pelo pessoal de vendas. A equipe de Harald esperava que ele equilibrasse as necessidades do lado da oferta (operações) com o lado da demanda (vendas e marketing), que soubesse quando se concentrar no resultado trimestral (finanças) e quando investir no futuro (P&D); e que decidisse quanta atenção dedicar à execução e quanta à inovação – essas e inúmeras outras decisões do tipo.

Reiterando: os executivos precisam ter um conhecimento geral das várias atividades para resolver essas questões concorrentes, mas isso não basta. As aptidões necessárias são menos de análise e mais de compreensão – compreender como fazer concessões ou trade-offs e explicar o fundamento lógico de cada decisão. Aqui, também, a experiência prévia com equipes multidisciplinares ou de desenvolvimento de novos produtos será de bom proveito para líderes recém-alçados ao comando de um negócio, assim como o é, para um alto executivo, um aprendizado prévio como chefe de pessoal. Mas o que Harald descobriu é que, acima de tudo, não há substituto para tomar as decisões na prática e aprender com os resultados.

De tático a estrategista

Em seus primeiros meses no novo posto, Harald se lançou à miríade de detalhes do negócio. Ser tático era tentador: atividades concretas e resultados imediatos. Assim, ele se perdeu no fluxo diário de reuniões, tomada de decisões e impulso aos projetos.

O problema com isso, evidentemente, era que uma parte essencial da nova função de Harald era ser o estrategista-chefe da unidade que agora liderava. Para isso, ele teria que abrir mão de muitos detalhes e criar espaço na mente e na agenda para questões mais amplas. Em termos gerais, ele precisava adotar uma mentalidade estratégica.

E como líderes taticamente fortes aprendem a desenvolver essa mentalidade? Cultivando três competências: mudança de nível, reconhecimento de padrões e simulação mental. *Mudança de nível* é a capacidade de transitar com fluidez entre níveis de análise: saber quando focar em detalhes, quando focar no grande quadro e como os dois níveis se relacionam. *Reconhecimento de padrões* é a capacidade de discernir importantes relações de causa e efeito e outros padrões significativos num negócio complexo e em seu ambiente, isto é, separar o sinal do ruído. E *simulação mental* é a capacidade de prever como fatores externos (concorrentes, reguladores, mídia e outros indivíduos estratégicos) vão reagir ao que você fizer, é prever suas ações e reações para definir o melhor rumo a tomar. No primeiro ano de Harald, por exemplo, um concorrente asiático lançou um substituto de menor custo para um importante derivado de resina que sua unidade fabricava. Harald precisou considerar não só a ameaça imediata como também pensar mais adiante, no que poderiam ser as intenções do concorrente. Será que a companhia asiática usaria aquele produto mais barato para criar relacionamento forte com clientes e progressivamente oferecer uma gama mais ampla de produtos? Como reagiria o concorrente ao que Harald optasse por fazer? Como diretor de marketing e vendas, ele nunca precisara levantar tais questões. Por fim, após analisar vários possíveis cursos de ação com sua equipe, ele optou por baixar preços, abrindo mão de alguns lucros correntes para desacelerar a perda de participação no mercado – e não se arrependeu.

Pensamento estratégico é uma qualidade inata ou adquirida? A resposta é: ambas. Não há dúvida de que o pensamento estratégico, como qualquer outra aptidão, pode ser melhorado com treinamento, mas a capacidade de ir mudando ao longo de diferentes níveis de análise, de reconhecer padrões e construir modelos mentais requer que se tenha alguma propensão natural. Um dos paradoxos do desenvolvimento de liderança é que, em geral, pessoas são promovidas a gerências funcionais por serem boas em *blocking* e *tackling* (bloquear e derrubar para desarmar, duas jogadas de defesa básicas

Como desenvolver líderes empresariais fortes

Quando em início de carreira, dê a líderes potenciais:
- experiência em projetos multifuncionais e, depois, responsabilidade por eles;
- uma atribuição internacional (se for um negócio global);
- exposição a uma ampla gama de situações de negócios: inovações, crescimento acelerado, manutenção de sucesso, realinhamento, recuperação e encerramento de atividades.

Quando a promessa de liderança se tornar evidente, dê ao talento de alto potencial:
- um cargo numa equipe de gestão sênior;
- experiência com stakeholders externos (investidores, mídia, clientes-chave);
- a atribuição de chefe de gabinete de um líder empresarial experiente;
- a atribuição de conduzir uma integração pós-aquisição ou uma reestruturação grande.

Pouco antes de sua primeira promoção ao nível empresarial, envie talentos em ascensão:
- para um bom programa de formação executiva que avalie capacidades para coisas tais como desenho organizacional, aprimoramento de processos de negócios e gestão de transição, e que lhes permita construir uma rede de relacionamentos externa.

No momento de sua primeira promoção ao nível empresarial, aloque novos líderes em unidades que sejam:
- pequenas, distintas e em boas condições;
- formadas por uma equipe experiente e assertiva com a qual possam aprender.

---

no futebol americano), mas funcionários com dom estratégico podem ter dificuldades em trabalhar em níveis mais baixos porque não se concentram tanto em detalhes. Forças darwinianas podem afastar cedo demais pensadores estratégicos do duto que alimenta seu desenvolvimento se as empresas não adotarem políticas claras para identificá-los e, em alguma medida, protegê-los no início de sua carreira.

De pedreiro a arquiteto

É muito comum altos executivos aventurarem-se na área de desenho organizacional sem ter credenciais para isso – e assim acabam cometendo grandes erros. Em seu primeiro cargo em nível empresarial, ansiosos por deixar sua marca, eles visam elementos que parecem relativamente fáceis de mudar, como estratégia ou estrutura, sem uma plena compreensão do efeito de suas ações na organização como um todo.

Com cerca de quatro meses em seu novo cargo, Harald concluiu que precisava reestruturar o negócio para que focasse mais nos consumidores e menos nas linhas de produtos. Para um ex-diretor de marketing e vendas, era natural pensar dessa maneira. A seus olhos, era óbvio que o negócio estava fundamentado demais em desenvolvimento de produto e operações e que sua estrutura era um legado ultrapassado de como a unidade nascera e crescera. Assim, ele ficou surpreso quando sua proposta de reestruturação foi recebida por sua equipe com assombroso silêncio e, depois, com oposição feroz. Logo ficou claro que a estrutura existente naquela bem-sucedida divisão tinha ligações intricadas e nada óbvias com seus processos cruciais e sua base de talentos. Para vender os produtos químicos, por exemplo, o pessoal de vendas precisava ter um conhecimento profundo dos produtos e a capacidade de consultar clientes quanto a suas aplicações; a mudança para uma abordagem centrada no consumidor exigiria que trabalhassem com uma gama mais ampla de produtos complexos e que adquirissem grandes volumes de uma nova expertise. Assim, conquanto uma mudança para uma estrutura centrada no consumidor tivesse potenciais benefícios, certas contrapartidas teriam de ser avaliadas. Por exemplo, essa implementação pediria ajustes significativos em processos e investimentos substanciais em treinamento. Eram mudanças que demandavam muita consideração e análise.

Quando líderes são alçados ao nível empresarial, tornam-se responsáveis por projetar e alterar a arquitetura da organização – estratégia, estrutura, processos e aptidões básicas. Para serem arquitetos organizacionais eficientes, precisam pensar em termos de sistemas. Têm de compreender como os elementos-chave da organização se encaixam uns nos outros e não acreditar ingenuamente, como Harald fez uma vez, que podem alterar um elemento sem antes considerar as implicações dessa mudança em todos os outros. Harald aprendeu isso do jeito mais difícil porque em nenhum momento de sua experiência como líder funcional tivera a oportunidade de pensar na organização como um sistema. Tampouco tivera experiência suficiente numa mudança organizacional em grande escala, o que seria uma alternativa, pois lhe permitiria chegar a esses insights a partir de observação.

Nisso, Harald era um exemplo típico: líderes de empresas precisam conhecer os princípios da mudança organizacional e da gerência da mudança, inclusive as mecânicas do projeto organizacional, de aprimoramento do processo de negócios e de gerenciamento da transição. Porém poucos executivos em ascensão recebem treinamento formal nesses domínios, o que deixa a maioria deles mal equipada para serem os arquitetos de suas organizações – ou até mesmo instruídos consumidores do trabalho dos profissionais em desenvolvimento organizacional. Aqui, Harald mais uma vez teve sorte por contar com um pessoal experiente que lhe oferecia convincentes sugestões quanto às muitas interdependências que não tivesse considerado originalmente – e por ter o bom senso de se apoiar nisso. Nem todos os líderes empresariais têm essa sorte, é claro. Porém, se as companhias tivessem investido em enviá-los a programas de formação executiva que ensinassem mudança organizacional, estariam mais bem preparados para a adaptação.

De solucionador de problemas a definidor de prioridades

Muitos gestores são promovidos por conta de sua capacidade para resolver problemas. Quando se tornam líderes empresariais, no entanto, eles têm de focar menos em resolver problemas e mais em definir quais problemas são prioritários.

Para isso, Harald teria de perceber toda a gama de oportunidades e ameaças que seu negócio enfrentava, além de fazer sua equipe dedicar toda a sua atenção às mais importantes. Também teria de identificar os "espaços em branco" – questões que não se encaixam exatamente em nenhuma função mas que mesmo assim são importantes (por exemplo, a diversidade).

Harald agora tinha de considerar uma quantidade atordoante de questões. Como diretor de vendas e marketing, ele tinha aprendido a avaliar

Como eu avalio um executivo de vendas?

Um líder empresarial precisa avaliar o trabalho de todos os seus executivos funcionais, não apenas os da área em que antes atuava. Uma simples planilha que liste sistematicamente as métricas mais importantes a acompanhar para determinada função, e quais indicam que há problemas se formando, ajudará novos líderes a ganhar velocidade. Veja um exemplo de uma planilha para vendas:

Métricas de desempenho essenciais
- Vendas dos principais produtos vs. vendas dos principais produtos concorrentes
- Crescimento na participação no mercado dos produtos principais
- Execução avaliada segundo os compromissos firmados no plano de negócios

Métricas para gerenciamento de pessoas
- Taxa de vacância por região ou distrito
- Taxa de promoções internas e força de canais internos de sucessão
- Número de perdas profissionais lamentáveis e respectivos motivos
- Sucesso em recrutamento e seleção

Métricas de sucesso do cliente
- Índices de satisfação e de retenção
- Evidências de compreensão dos padrões de compra
- Número médio de interações vendedor-clientes

Sinais de alerta
- Perdas lamentáveis em pessoal de vendas
- Estagnação ou declínio nas vendas
- Ausência de desenvolvimento interno para futuros líderes de vendas
- Promoções internas com resultados fracos
- Incapacidade de comunicar vantagens e desvantagens de produtos
- Avaliação ruim das forças e fraquezas da organização
- Falta de tempo em campo ou para interação com clientes
- Falta de aptidão para atuar em parceria com o marketing e outras funções-chave

como era difícil para os chefes empresariais estabelecer prioridades entre todas as questões que lhes eram lançadas a cada dia, cada semana, cada mês. Agora, ele se surpreendia com o escopo e a complexidade de alguns dos problemas no nível mais alto. Não sabia muito bem como distribuir seu tempo e se sentiu imediatamente sobrecarregado. Sabia que precisava delegar mais tarefas, mas não estava claro para ele quais poderia delegar com segurança.

As aptidões que ele havia aprimorado como líder funcional – domínio dos instrumentos de vendas e de marketing, know-how organizacional e até mesmo a capacidade de mobilizar talentos e promover o trabalho em equipe – não eram suficientes. Para concluir quais seriam os problemas prioritários para sua equipe – isto é, para definir a pauta –, ele teria que aprender a transitar por um terreno muito mais incerto e ambíguo do que aquele com o qual estava acostumado. Também precisava aprender a transmitir prioridades de um modo que sua organização pudesse responder. Graças a sua formação em vendas e marketing, Harald teria menos dificuldade na comunicação de sua pauta; o desafio seria conceber essa pauta. Em certa medida, bastaria aprender com a experiência, mas também nisso ele obteve ajuda dos membros de sua equipe, que, sabendo quais questões ele teria de considerar, insistiam em obter dele as linhas-guia. Harald também pôde se basear no processo de planejamento anual da empresa, que lhe forneceu uma estrutura para definir as metas principais para sua unidade.

De guerreiro a diplomata

Em suas funções anteriores, Harald estivera focado primordialmente em mobilizar tropas para derrotar a concorrência. Agora, ele se via obrigado a dedicar um volume enorme de tempo a influenciar uma hoste de atores externos, como órgãos reguladores, imprensa, investidores e ONGs. Seus assistentes eram bombardeados por solicitações: ele poderia participar de fóruns do setor ou do poder público patrocinados pelo Gabinete de Assuntos Legislativos? Gostaria de conceder uma entrevista ao editor de uma grande publicação voltada para negócios? Poderia encontrar-se com um importante grupo de investidores institucionais? Alguns desses grupos lhe eram familiares; outros eram totalmente desconhecidos. Mas o que era totalmente novo para ele era sua responsabilidade não só de interagir com vários stakeholders, mas também de tratar proativamente de suas preocupações, considerando os pontos em que se entrelaçavam com os interesses da empresa. Em sua experiência anterior, pouca coisa o preparou para os desafios de ser um diplomata corporativo.

O que faz um bom diplomata corporativo? Ele usa as ferramentas da diplomacia – negociação, persuasão, gerenciamento de conflitos e construção de alianças – para configurar o ambiente externo do negócio de modo a dar suporte a seus objetivos estratégicos. É comum, nesse processo, que o executivo se veja colaborando com profissionais com os quais competia agressivamente no dia a dia.

Para fazer isso bem, líderes empresariais precisam abraçar uma nova mentalidade – buscar caminhos nos quais interesses se alinhem ou possam se alinhar, compreender como são tomadas decisões em diferentes tipos de organização e desenvolver estratégias de influência sobre outras pessoas. Também têm de compreender como recrutar e gerenciar funcionários de um tipo que provavelmente nunca supervisionaram antes: profissionais em funções de apoio estratégicas, tais como relações com o governo e comunicação corporativa. E têm de reconhecer que a atuação desses funcionários tem horizontes mais extensos do que os negócios em curso, cujo foco são os resultados trimestrais ou mesmo anuais. Iniciativas como uma campanha para o desenvolvimento de uma regulamentação governamental podem levar anos para se desenrolar. Harald demorou algum tempo para compreender isso, aprendendo com seu pessoal como era árduo e meticuloso o processo de gerenciar questões que abrangem prolongados períodos de tempo e testemunhando como periodicamente tinham os resultados comprometidos quando alguém perdia o foco nos objetivos.

De coadjuvante a protagonista

Finalmente, tornar-se líder empresarial significa ir para o centro do palco, ficar sob os holofotes. A intensidade da atenção e a quase constante necessidade de manter-se em guarda pegaram Harald de surpresa. Ele ficou um tanto chocado ao descobrir a dimensão dada a tudo que ele dizia e fazia. Não muito depois de assumir o cargo, por exemplo, ele conversou com seu diretor de P&D sobre uma nova maneira de embalar um produto existente. Duas semanas depois, apareceu em sua mesa um relatório sobre a viabilidade da ideia.

Em parte, essa mudança se deve ao impacto muito maior do líder empresarial como modelo a seguir. Gestores de todos os níveis são, em certa medida, modelos de comportamento, mas os que estão no comando de uma empresa têm sua influência ampliada, pois todos olham para eles buscando visão, inspiração e pistas de quais sejam os comportamentos e atitudes corretos. Para o bem ou para o mal, os estilos pessoais e os sinais emitidos pelos líderes seniores são contagiosos, seja por observação direta ou transmitidos indiretamente por sua equipe e assim repassados de nível a nível para toda a organização. Esse efeito não pode ser propriamente evitado, mas os líderes podem refiná-lo se cultivarem a autoconsciência e a empatia com o ponto de vista de seus subordinados. Afinal, não faz muito tempo eram eles os subordinados, fazendo esses tipos de inferência a partir do comportamento de seus chefes.

E há, ainda, a questão do que significa, na prática, liderar grandes grupos de pessoas – como definir uma visão convincente e transmiti-la de maneira inspiradora. Harald, mesmo já sendo um forte comunicador e acostumado a vender não apenas ideias, mas também produtos, precisou adaptar seu pensamento quanto a esse aspecto (embora talvez menos do que alguns de seus colegas em funções semelhantes). Em seu cargo anterior, ele tinha mantido um razoável grau de contato pessoal, mesmo que às vezes esporádico, com a maioria de seus funcionários. Agora que supervisionava mais de 3 mil pessoas espalhadas por todo o globo, isso era simplesmente impossível.

As implicações disso ficaram claras quando ele e sua equipe formularam a estratégia anual. Quando chegou o momento de comunicá-la à organização, deu-se conta de que não podia simplesmente ir vendê-la ele mesmo; teria de trabalhar mais por intermédio de seus subordinados diretos e encontrar outros canais, como vídeo, para difundir a ideia. E, depois de percorrer a maioria das instalações, Harald também temeu nunca ser capaz de saber realmente o que estava acontecendo nas linhas de frente da empresa. Assim, em vez de se encontrar apenas com a chefia quando fazia visitas aos diferentes setores, ele instituiu encontros informais com pequenos grupos de funcionários dos níveis básicos e passou a acessar grupos de discussão on-line em que funcionários teciam comentários sobre a empresa.

Em termos gerais, as sete mudanças consistem em deixar o pensamento analítico próprio do lado esquerdo do cérebro em troca de uma mentalidade mais conceitual, própria do lado direito. Mas isso não significa que líderes empresariais nunca se dediquem a táticas ou a preocupações funcionais. Apenas têm uma carga muito menor de envolvimento com essas responsabilidades, em comparação com seus cargos anteriores. Aliás, muitas vezes é recomendável que líderes empresariais designem outra pessoa – um chefe de gabinete, um diretor executivo ou um gerente de projeto – para focar na execução, como forma de ter mais tempo para suas novas funções.

No caso de Harald, a história acabou bem. Ele teve a sorte de trabalhar para uma companhia que acreditava no desenvolvimento de lideranças e de ter uma equipe experiente, não apenas capaz de lhe dar boa assessoria como disposta a isso. Assim, apesar dos muitos percalços no caminho, o negócio continuou a prosperar e Harald acertou seu passo. Três anos depois, munido de toda essa experiência, ele foi convidado a assumir uma unidade muito maior que estava em dificuldades e deu início a uma bem-sucedida recuperação. Hoje, ao refletir sobre sua trajetória, ele diz: "As competências que trouxeram você até onde está agora talvez não sejam aquelas necessárias para levar você aonde precisa chegar. Isso não diminui as realizações do seu passado, mas elas não serão suficientes para a etapa seguinte da jornada."

Publicado originalmente em junho de 2012.

Autores

ROBERT B. CIALDINI é presidente da Influence at Work, professor emérito de psicologia e marketing na Universidade do Estado do Arizona e autor de *As armas da persuasão* e *Pré-suasão*.

JOHN J. GABARRO é professor emérito de gestão de recursos humanos da Fundação UPS, na Harvard Business School.

DANIEL GOLEMAN é autor de *Inteligência emocional*, *Foco* e *Foco triplo*, entre outros títulos. É também codiretor do Consórcio para Pesquisa em Inteligência Emocional em Organizações, na Rutgers University, em Nova Jersey.

LINDA A. HILL é professora de administração na Harvard Business School. É coautora de *Being the Boss: The 3 Imperatives for Becoming a Great Leader*.

MARK LEE HUNTER é professor adjunto no INSEAD e cofundador do Stakeholder Media Project do Centro de Inovação Social do INSEAD.

HERMINIA IBARRA é professora de liderança e aprendizado e de comportamento organizacional no INSEAD. É autora de *Act Like a Leader, Think Like a Leader* (Harvard Business Review Press, 2015).

JOHN P. KOTTER é autor de *Nosso iceberg está derretendo*, *Sentido de urgência* e *O coração da mudança*, e professor emérito de liderança, na cátedra Konosuke Matsushita, na Harvard Business School.

WILLIAM ONCKEN JR. foi presidente da William Oncken Corporation até sua morte em 1988.

LAKSHMI RAMARAJAN é professora assistente na Harvard Business School.

ERIN REID é professora assistente na Faculdade de Administração Questrom, da Universidade de Boston.

CAROL A. WALKER é presidente da Prepared to Lead, firma de consultoria de gestão em Weston, Massachusetts. Trabalhou durante 15 anos como executiva nos setores de seguros e tecnologia.

DONALD L. WASS dirige o escritório regional de Dallas-Fort Worth do The Executive Committee (TEC), organização internacional para presidentes e CEOs.

MICHAEL D. WATKINS é presidente da Genesis Advisers, professor na Faculdade de Administração IMD e autor de *The First 90 Days, Updated and Expanded* (Harvard Business Review Press, 2013).

CONHEÇA OUTROS TÍTULOS DA
COLEÇÃO HARVARD 10 LEITURAS ESSENCIAIS

Desafios da gestão

Você irá beber na fonte e aprender com Michael Porter sobre vantagem competitiva, com Daniel Goleman sobre inteligência emocional, com Peter F. Drucker sobre como gerenciar a própria carreira, com Theodore Levitt sobre marketing e com Clayton M. Christensen sobre inovação disruptiva.

Este livro também vai lhe mostrar como:
- usar a inteligência emocional para melhorar seu desempenho
- avaliar seus pontos fortes e fracos para gerir sua carreira
- entender quem são seus clientes e descobrir o que desejam
- estimular a inovação em empresas tradicionais
- criar vantagem competitiva e distinguir sua empresa da concorrência
- criar um plano para realizar mudanças

Gerenciando pessoas

Este livro vai inspirar você a:
- adequar seu estilo de gestão à necessidade de seu pessoal
- motivar dando mais responsabilidade e não mais dinheiro
- ajudar os gestores e líderes de equipe de primeira viagem
- desenvolver confiança pedindo a opinião e a colaboração dos outros
- ensinar pessoas inteligentes a aprender com os próprios erros
- desenvolver equipes de alta performance
- gerenciar o seu chefe

Gerenciando a si mesmo

Você irá aprender a:
- renovar sua energia física e mental
- reduzir a dispersão e a agitação frenética
- espalhar energia positiva em sua organização
- recuperar-se de momentos difíceis
- conectar-se a seus valores profundos
- solicitar feedback honesto
- buscar o equilíbrio entre trabalho, família, comunidade e suas próprias necessidades
- delegar e desenvolver o espírito de iniciativa das pessoas

Inteligência emocional

Aprenda com este livro a:
- monitorar e canalizar seu humor e suas emoções
- tomar decisões inteligentes e empáticas envolvendo pessoas
- gerenciar conflitos e ajustar as emoções dentro da equipe
- reagir a situações difíceis com resiliência
- compreender melhor seus pontos fortes e fracos, suas necessidades, seus valores e suas metas
- desenvolver agilidade emocional

CONHEÇA OUTROS TÍTULOS DA
COLEÇÃO HARVARD UM GUIA ACIMA DA MÉDIA

Negociações eficazes
Jeff Weiss

Aprenda a sair de um processo de concessões sucessivas e a trabalhar de maneira colaborativa e criativa com a outra parte, construindo acordos e relacionamentos melhores. Veja também como:
- preparar-se com antecedência
- dar o tom certo à conversa
- compreender o que de fato está em jogo
- lidar com as emoções
- desarmar negociadores agressivos

Apresentações convincentes
Nancy Duarte

Aprenda a calcular o tempo certo de uma palestra sem correr o risco de entediar os participantes, decidir se é ou não necessário usar o PowerPoint e escolher um layout e as melhores imagens para os slides. Veja também como:
- conectar-se com o público
- organizar uma narrativa coerente
- conquistar plateias resistentes
- montar slides interessantes e marcantes
- divulgar suas ideias por meio das redes sociais

Como lidar com a política no trabalho
Karen Dillon

Este livro reúne dicas valiosas para solucionar as questões de relacionamento mais comuns do dia a dia profissional. Aprenda a:
- tornar-se influente sem perder a integridade
- lidar com bullying, panelinhas e o queridinho do chefe
- encarar conversas desafiadoras com serenidade
- desenvolver um bom relacionamento com pessoas difíceis
- ser promovido sem causar discórdia
- aceitar que nem todo conflito é ruim
- reivindicar o reconhecimento dos seus méritos